日照市普通国省道
公路桥梁养护通用手册

日照市公路事业发展中心
日照公路养护有限公司 ◎ 编著

人民交通出版社
北 京

内 容 提 要

本书旨在为日照市普通国省道公路桥梁养护提供全面的指导和参考。本书详细介绍了公路桥梁养护的各个方面,特别强调了桥梁上部结构、下部结构、支座、桥面系及附属设施的检查方法和病害成因分析,目的是通过科学的养护方法和管理措施,确保桥梁安全运行,延长其使用寿命,从而提升公路交通服务水平。

本书可供基层桥梁养护人员、管理人员、技术人员及桥梁养护工程师参考使用,也可作为高等院校学生学习用书以及公路技术人员自学与培训教材。

图书在版编目(CIP)数据

日照市普通国省道公路桥梁养护通用手册/日照市公路事业发展中心,日照公路养护有限公司编著. 北京:人民交通出版社股份有限公司,2025.5.

ISBN 978-7-114-20393-0

Ⅰ. U448.145.23-62

中国国家版本馆 CIP 数据核字第 2025N9P628 号

书　　名:日照市普通国省道公路桥梁养护通用手册
著 作 者:日照市公路事业发展中心
日照公路养护有限公司
责任编辑:陈　静　朱明周
责任校对:龙　雪
责任印制:张　凯
出版发行:人民交通出版社
地　　址:(100011)北京市朝阳区安定门外外馆斜街 3 号
网　　址:http://www.ccpcl.com.cn
销售电话:(010)85285857
总 经 销:人民交通出版社发行部
经　　销:各地新华书店
印　　刷:北京交通印务有限公司
开　　本:787×1092　1/16
印　　张:10.25
字　　数:208 千
版　　次:2025 年 5 月　第 1 版
印　　次:2025 年 5 月　第 1 次印刷
书　　号:ISBN 978-7-114-20393-0
定　　价:200.00 元
(有印刷、装订质量问题的图书,由本社负责调换)

《日照市普通国省道公路桥梁养护通用手册》

编 委 会

前　言

为适应公路交通运输发展需要，根据国家相关法律法规、行业标准、技术规范、部颁文件，结合日照市普通国省道公路桥梁养护实际情况，制定《日照市普通国省道公路桥梁养护通用手册》(简称“手册”)。

本手册旨在为日照市普通国省道公路桥梁养护机构和人员提供标准化、规范化的技术指导，使辖区桥梁在设计使用年限内保持良好的技术状况和运营服务状态，避免因结构损伤、设施故障而降低桥梁服务水平或对其使用安全性造成影响。

在本手册修编过程中，编制组深入调查公路桥梁行业养护现状，借鉴我国公路桥梁养护的先进实践经验，充分考虑日照市普通国省道公路桥梁养护实际情况，广泛征求公路桥梁养护、检测和管理等有关单位及专家的意见，形成本手册。本手册提出的桥梁日常养护要求、养护内容、养护方案等，可有效指导一线养护人员及相关技术人员科学开展桥梁日常养护工作，保障桥梁安全平稳运营。

各有关单位和人员在执行本手册过程中，可将发现的问题和修改意见以书面形式告日照市公路事业发展中心，以便修订时参考。

日照市公路事业发展中心

日照公路养护有限公司

2025 年 1 月

目　　录

1 总　　则

1.1 适用范围

本手册适用于山东省日照市国省道公路桥梁工程养护管理。

1.2 编制目的

为切实提升山东省日照市国省道公路桥梁养护管理水平，推动桥梁养护工作的标准化和规范化，促进桥梁养护技术进步，为全市桥梁养护人员提供具有较强针对性和可操作性的养护操作指南，组织编写本手册。

1.3 编制原则

以现行公路桥梁养护管理规范、标准和交通运输部有关文件为主要依据，突出“预防为主，防治结合”的思想，保证公路桥梁全寿命周期内的安全运营。

1.4 编制依据

编制依据的标准、规范有：

(1)《公路桥涵养护规范》(JTG 5120—2021)。

(2)《公路养护技术标准》(JTG 5110—2023)。

(3)《国家公路网重点桥梁和隧道监测评价规程》(T/CECS G:E41-04—2019)。

(4)《公路桥梁技术状况评定标准》(JTG/T H21—2011)。

(5)《公路桥梁承载能力检测评定规程》(JTG/T J21—2011)。

(6)《公路养护工程质量检验评定标准　第一册　土建工程》(JTG 5220—2020)。

(7)《公路桥梁加固设计规范》(JTG/T J22—2008)。

(8)《公路跨海桥梁养护技术规范》(JTG/T 5124—2022)。

(9)《公路钢筋混凝土及预应力混凝土桥涵设计规范》(JTG 3362—2018)。

(10)《公路桥涵设计通用规范》(JTG D60—2015)。

(11)《公路技术状况评定标准》(JTG 5210—2018)。

(12)《在用公路桥梁现场检测技术规程》(JTG/T 5214—2022)。

(13)《公路路政管理技术标准》(JTG 4110—2024)。

(14)《公路养护安全作业规程》(JTG H30—2015)。

编制依据的法律法规、部颁制度及办法有:

(1)《公路桥梁养护管理工作制度》(交公路发〔2007〕336 号)。

(2)《交通运输部关于进一步加强公路桥梁养护管理的若干意见》(公路发〔2013〕321 号)。

(3)《公路长大桥隧养护管理和安全运行若干规定》(交公路发〔2018〕35 号)。

(4)《交通运输部关于进一步提升公路桥梁安全耐久水平的意见》(交公路发〔2020〕127 号)。

(5)《公路养护工程管理办法》(交公路发〔2018〕33 号)。

(6)《公路安全保护条例》(中华人民共和国国务院令第 593 号)。

(7)《交通运输关于深化防范化解安全生产重大风险工作的意见》(交安监发〔2021〕2 号)。

(8)《公路运营领域重大事故隐患判定标准》(交办公路〔2023〕59 号)。

编制依据的山东省、日照市养护相关管理办法有:

(1)《山东省重点桥隧技术状况监测制度》(鲁交公路〔2019〕1097 号)。

(2)《山东省国省干线公路养护科学决策管理办法(试行)》等 8 项管理办法(鲁交公路函〔2019〕27 号)。

(3)《国省干线公路长大桥隧养护管理和安全运行实施细则(试行)》(鲁交公路〔2019〕108 号)。

(4)《山东省公路系统公路突发事件应急预案》及《山东省公路系统防汛抢险救灾公路保障预案》(鲁交公路〔2018〕3 号)。

(5)日照市公路事业发展中心《关于印发普通国省道公路日常养护考核办法等十项管理制度的通知》以及其附件:

①《公路日常保养考核管理办法》;

②《公路日常保养管理办法》;

③《公路小修工程管理办法》;

④《公路日常养护巡查制度》;

⑤《公路桥梁养护管理工作制度》;

⑥《公路桥梁动态监管制度》;

⑦《公路桥梁养护工程师管理办法》;

⑧《公路养护培训工作制度》;

⑨《公路技术状况评定工作制度》;

⑩《公路日常养护内业资料管理细则》。

1.5 修订原则

本手册在使用过程中,应结合辖区内普通国省道公路桥梁的特点和运营状况进行修订,以保证手册能够适应辖区内普通国省道公路桥梁的实际情况。本手册宜每 5 年修订一次;当出现以下情况时,应及时进行修订:

(1)国家、行业或地方法律法规和相关规范发生变化。

(2)日照市公路事业发展中心机构设置或者养护管理模式发生变更。

(3)桥梁养护工程师认为的其他需要修订的情况。

2　日照市普通国省道公路桥梁现状

2.1　日照市自然环境特点

2.1.1　地理位置

日照市位于东经118°25′~119°39′、北纬35°04′~36°04′之间，地处中国大陆沿海中部、山东半岛东南部。东临黄海，西接临沂市，南与江苏省连云港市毗邻，北与青岛市、潍坊市接壤。南北长约82km，东西宽约90km，全市总面积5374.90km^2。

2.1.2　地形地貌

日照市属鲁东丘陵，总的地势背山面海，中部高四周低，略向东南倾斜，山地、丘陵、平原相间分布。最高点为五莲县境内马耳山，海拔706m；最低点为东港区东海峪村，海拔1~1.5m。山地占总面积的17.5%，丘陵占57.2%，平原占25.3%。日照地处海滨，境内地貌类型多样，有平原、山丘、水域、湿地、海洋等丰富多样的自然景观。境内河流纵横，除潍河流入渤海外，其余流入黄海。有较大河流18条，总长461.4km，流域面积5222.7km^2。日照境内有大小山4358座。西部为泰沂山脉，大多呈东南、西北走向；北部山脉多呈南北和西南、东北走向；中南部有7条互不衔接的山脉，走向各异；东部属胶东丘陵。海拔500m以上的山有39座。

2.1.3　水文气象

2.1.3.1　水文

日照市河流分属沭河水系、潍河水系和东南沿海水系，较大河流有沭河、傅疃河、潮白河、绣针河、潍河、巨峰河等。其中沭河是日照市境内最大的河流，由沂水进入莒县境内，纵贯莒县南北，境内干流长83.29km；傅疃河是日照市最大独流入海河道，境内干流长60.72km；潍河经莒县、五莲县入墙夼水库，境内干流长47.5km；绣针河是省际边界河道，境内干流长24.42km；潮白河是日照市与青岛市边界河道，境内干流长41.83km。

日照海岸位于黄海中部，岬湾相连，北起甜水河口，南到绣针河口，全长168.5km，属于比较平直的基岩砂砾质海岸。海岸线上有石臼湾、佛手湾两大天然港湾与日照港、岚山港组成的日照港群。近陆岛屿有桃花岛、出风岛；远有平岛、达山岛和车牛山岛组成的“前三岛”。日照无天然湖泊，共有水库595座，总库容13亿m^3。其中：大型水库3座，分别是日照水库、青峰岭水库、小仕阳水库;中型水库10座,分别是马陵水库、巨峰水库、峤山水库、户部岭水库、长城岭水库、石亩子水库、学庄水库、河西水库、小王疃水库、龙潭沟水库。

2.1.3.2 气候

日照市属暖温带半湿润季风区温带季风气候,受海洋性气候影响较大,与同纬度内陆地区相比,四季温和,雨热同季,夏无酷暑,冬无严寒,且一年四季分明,春季干旱,多风少雨,回暖迟缓;夏季温热,雨量集中,易成涝;秋季凉爽,温差大,晚秋易旱;冬季干燥,无严寒,雨雪稀少。夏季以南风、东南风为主,冬季以北风为主。2020年,全市年平均气温14.1℃,较常年偏高1.1℃,比上年偏低0.2℃,为1961年以来历史同期第4位高值;年极端最低气温-15.5℃,12月31日出现于莒县;年极端最高气温37.8℃,6月4日出现于五莲县;全市年降水量平均1233.0mm,比上年偏多619.1mm,较常年偏多63.1%;全市年日照时数平均2410.5h,比上年偏多60.7h,较常年偏多378.0h。2022年,全市汛期旱涝急转特征明显;6月中旬前,全市降雨持续偏少,为1951年以后同期降雨量最少的一年。

根据日照市水文气象环境相关资料,近年来极端、异常、突发强降雨频发,已逐渐成为常态,辖区内桥梁受雨季汛期、冬季冰雪天气影响较大。

2.2 日照市普通国省道公路桥梁总体情况

截至2024年年底,日照市普通国省道共12条,包括6条国道、6条省道,国省道公路桥梁共264座,其中国道公路桥梁120座,省道公路桥梁144座。国道公路桥梁分布于国道路线G204(与G228共线)烟台—上海、G206威海—汕头、G342日照—凤县、G518日照—定陶,其中东港区38座、岚山区34座、莒县21座、五莲县27座。省道公路桥梁分布于省道路线S220平度—日照、S222央子—赣榆、S225莒县—阿湖、S313日照—滕州、S314涛雒—汤头、S506陶家—大莲,其中东港区74座、岚山区15座、莒县34座、五莲县21座。各路线国省道桥梁分布情况见表2.2-1,辖区内各区县桥梁数量占比见图2.2-1。

各路线国省道公路桥梁分布情况　　表2.2-1

序号	路线编号	路线名称	桥梁数量	占比
1	G204(G228)	烟台—上海	45	17.05%
2	G206	威海—汕头	21	7.95%
3	G342	日照—凤县	27	10.23%
4	G518	日照—定陶	27	10.23%
5	S220	平度—日照	28	10.61%
6	S222	央子—赣榆	41	15.53%
7	S225	莒县—阿湖	11	4.17%

续上表

序号	路线编号	路线名称	桥梁数量	占比
8	S313	日照—滕州	42	15.91%
9	S314	涛雒—汤头	14	5.30%
10	S506	陶家—大莲	8	3.03%

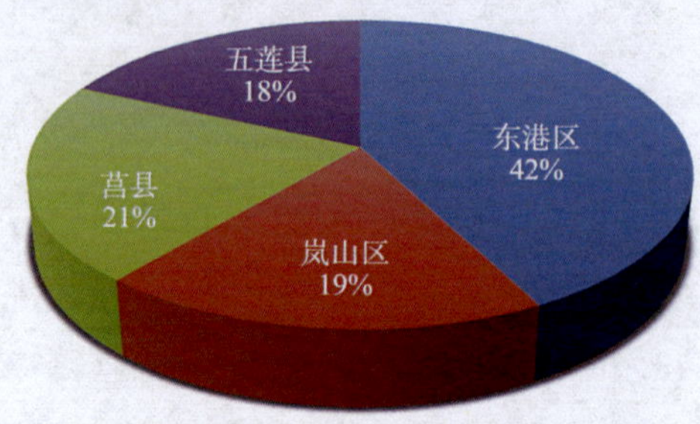

图 2.2-1　辖区内各区县国省道公路桥梁数量占比

在桥梁跨径规模方面，管养国省道桥梁 23456.45m/264 座，其中大桥 15909.26m/60 座，数量占比 22.7%；中桥 5048.21m/77 座，数量占比 29.2%；小桥 2498.98m/127 座，数量占比 48.1%。所辖范围内无特大桥。桥梁规模情况见图 2.2-2。

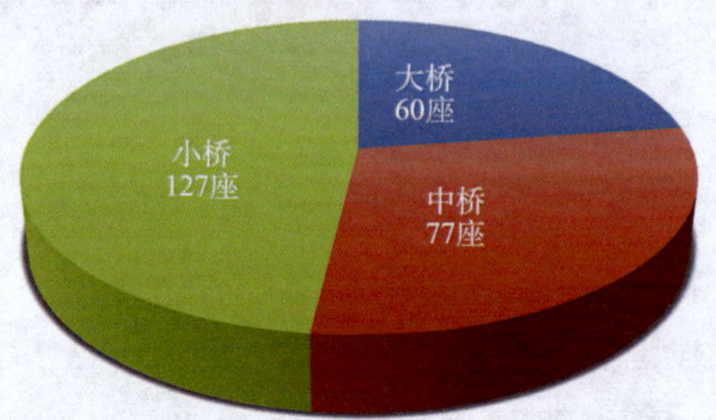

图 2.2-2　桥梁规模情况

在结构分类方面，管养桥梁中，梁桥共 208 座，占比 78.79%，拱桥共 56 座，占比 21.21%。其中，空心板梁桥数量最多，共 130 座，占比 49.24%；整体现浇板桥 29 座，占比 10.98%；箱形（含连续箱梁）梁桥 32 座，占比 12.12%；组合式梁桥 9 座，占比 3.41%；实心板梁桥 5 座，占比 1.89%；连续刚构桥 3 座，占比 1.14%；板拱桥 53 座，占比 20.08%；肋拱桥 1 座，占比 0.38%；双曲拱桥 2 座，占比 0.76%。结构形式情况见表 2.2-2、图 2.2-3。

结构形式情况表　　表 2.2-2

序号	桥型	上部结构形式	桥梁数量（座）	占比
1	梁桥	空心板梁	130	49.24%
2		整体现浇板	29	10.98%
3		实心板梁	5	1.89%

续上表

序号	桥型	上部结构形式	桥梁数量(座)	占比
4	梁桥	箱形梁	32	12.12%
5		组合式梁	9	3.41%
6		连续刚构	3	1.14%
7	拱桥	板拱	53	20.08%
8		肋拱	1	0.38%
9		双曲拱	2	0.76%

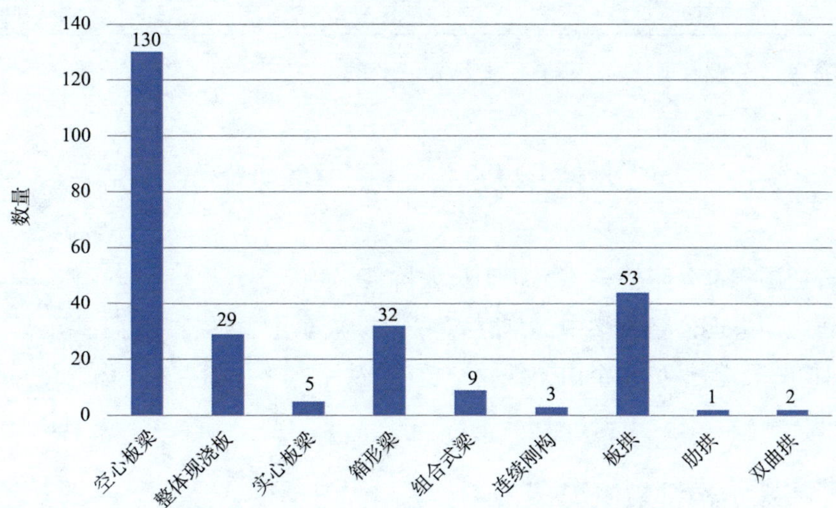

图 2.2-3 结构形式情况

在桥梁跨越地物类型方面,情况如表 2.2-3 所示。

桥梁跨越地物类型情况 表 2.2-3

序号	跨越地物	数量(座)	占比
1	道路	25	9.47%
2	河流	200	75.76%
3	铁路	2	0.76%
4	水渠	7	2.65%
5	旱地	4	1.52%
6	其他	26	9.85%
合计		264	100.00%

注:道路包括非机动车道,河流包括运河、湖泊、干河槽。

在桥墩类型方面,情况如表 2.2-4 所示。

桥墩类型情况　　表 2.2-4

序号	桥墩类型	数量(座)	占比
1	多柱墩	87	32.95%
2	重力式墩	53	20.08%
3	双柱式墩	38	14.39%
4	薄壁墩	3	1.14%
5	无	83	31.44%
合计		264	100.00%

日照市国省道公路桥梁均不属于长大桥梁。

2.3 长大桥梁及“三特”桥梁分布情况

日照市普通国省道公路桥梁均不属于长大桥梁。

日照市普通国省道公路桥梁中,海曲桥(双曲拱)、东十里铺桥(双曲拱)、彭家河桥(肋拱)按特殊结构桥梁进行管养,奎山公铁立交桥(跨铁路)、平岚铁路桥(跨铁路)按特别重要桥梁进行管养。

2.3.1 特殊结构桥梁概况

海曲桥(图 2.3-1)位于 S313 省道,桥梁中心桩号为 K8 +242,桥梁全长 86.7m,桥面全宽 30.9m,跨径组合为 8 ×10m,上部结构为钢筋混凝土双曲拱,下部结构为重力式桥台明挖扩大基础,沥青混凝土桥面铺装,设计荷载为汽车 –20 级。海曲桥于 1986 年 10 月建成通车。海曲桥设计、施工、监管、管养单位信息如表 2.3-1 所示。

a) 平面照

b) 立面照

图 2.3-1　海曲桥现场照片

海曲桥设计、施工、监管、管养单位信息　　表 2.3-1

职责	单位
设计单位	原临沂地区公路段
施工单位	原日照县公路站
监管单位	日照市公路事业发展中心
管养单位	日照市东港区公路事业发展中心

东十里铺桥(图 2.3-2)位于 S313 省道,桥梁中心桩号为 K13 +492,桥梁全长 18.4m,桥面全宽 30.9m,跨径组合为 1×10m,上部结构为钢筋混凝土双曲拱,下部结构为重力式桥台明挖扩大基础,沥青混凝土桥面铺装,设计荷载为汽车 -20 级。东十里铺桥于 1986 年 10 月建成通车。东十里铺桥设计、施工、监管、管养单位信息如表 2.3-2 所示。

a) 平面照

b) 立面照

图 2.3-2　东十里铺桥现场照片

东十里铺桥设计、施工、监管、管养单位信息　　表 2.3-2

职责	单位
设计单位	原临沂地区公路段
施工单位	原日照县公路站
监管单位	日照市公路事业发展中心
管养单位	日照市东港区公路事业发展中心

彭家河桥(图 2.3-3)位于 S313 省道,桥梁中心桩号为 K19 +955,桥梁全长 102.3m,桥面全宽 21.6m,跨径组合:(4×21.2)m 无铰肋拱 +(4×21.2)m 简支空心板,下部结构为双柱式墩桩基础、重力式桥台明挖扩大基础,沥青混凝土桥面铺装,设计荷载为汽车 -20 级。彭家河桥于 1985 年 10 月建成通车。彭家河桥设计、施工、监管、管养单位信息如表 2.3-3 所示。

对于特殊结构桥梁,管养单位应结合桥梁本身结构与养管特点,编制专门养护手册。日照市辖区内的特殊结构桥梁,相关养护基础知识、桥梁检查与评定、桥梁典型病害及原因分析等可参考本手册执行。

a) 平面照

b) 立面照

c) 下部结构照

图 2.3-3　彭家河桥现场照片

彭家河桥设计、施工、监管、管养单位信息　　表 2.3-3

职责	单位
设计单位	山东省东泰设计院
施工单位	原东港区公路局
监管单位	日照市公路事业发展中心
管养单位	日照市东港区公路事业发展中心

2.3.2　特别重要桥梁概况

奎山公铁立交桥(图 2.3-4)位于 S220 省道,桥梁中心桩号为 K203 + 143,桥梁全长 989.00m,桥面全宽 24.5m,跨径组合为 26 × 30m + 6 × 27m + 1 × 40m,上部结构为简支箱梁,下部结构为多柱墩桩基础 + 桩柱式台桩基础,采用板式橡胶支座,沥青混凝土桥面铺装,设计荷载为公路—Ⅰ级。奎山公铁立交桥于 2015 年 10 月建成通车。奎山公铁立交桥设计、施工、监管、管养单位信息如表 2.3-4 所示。

a) 平面照

b) 立面照

图 2.3-4　奎山公铁立交桥现场照片

奎山公铁立交桥设计、施工、监管、管养单位信息　　表 2.3-4

职责	单位
设计单位	中铁工程设计咨询集团有限公司
施工单位	原日照市公路管理局工程处
监管单位	日照市公路事业发展中心
管养单位	日照市东港区公路事业发展中心

平岚铁路桥(图 2.3-5)位于 G518 国道,桥梁中心桩号为 K20 + 355,桥梁全长 47.20m,桥面全宽 24.5m,跨径组合为 1 × 30m,上部结构为预应力混凝土梁,下部结构为重力式台,采用板式橡胶支座,沥青混凝土桥面铺装,设计荷载为公路—Ⅱ级。平岚铁路桥于 2006 年 10 月建成通车。平岚铁路桥设计、施工、监管、管养单位信息如表 2.3-5 所示。

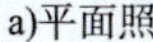

a)平面照

b) 立面照

图 2.3-5　平岚铁路桥现场照片

日照市辖区内的特别重要桥梁,与其他桥梁主要差异为跨越铁路,相关管养要求见本手册第 10 章。

平岚铁路桥设计、施工、监管、管养单位信息　　表 2.3-5

职责	单位
设计单位	山东鲁桥工程设计咨询有限公司
施工单位	科达集团股份有限公司
监管单位	日照市公路事业发展中心
管养单位	日照市岚山区公路事业发展中心

3　日照市国省道公路桥梁养护管理机构

3.1　组 织 架 构

日照市公路事业发展中心内设养护科、应急处置科、安全科、路产保护科等科室，设四个区（县）公路事业发展中心（简称“区县中心”），均任命了桥梁养护工程师，并配备相应的桥梁养护技术人员。养护管理机构组织架构见图 3.1-1。

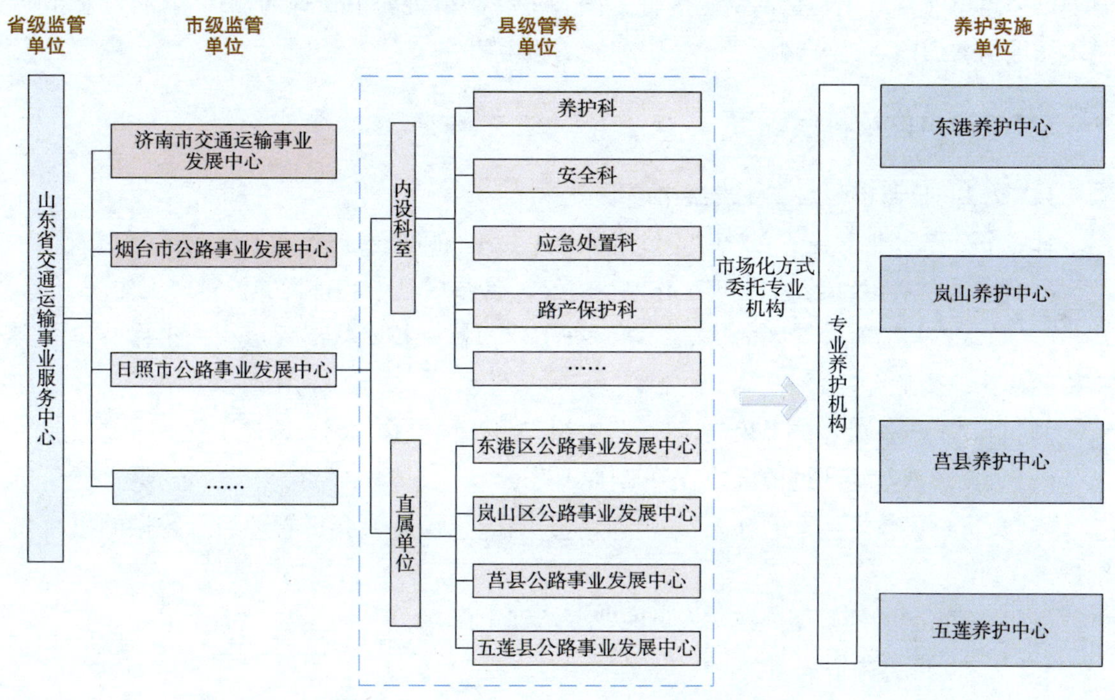

图 3.1-1　养护管理机构组织架构

日照市公路事业发展中心采用“四个公路中心 + 四个养护中心”的管理模式实施养护管理工作，主要职责划分为：日照市公路事业发展中心监督检查辖区普通国省道公路桥梁养护工作的开展情况，日照市东港区公路事业发展中心、岚山区公路事业发展中心、莒县公路事业发展中心、五莲县公路事业发展中心负责辖区内普通国省道公路桥梁养护管理工作。

日照市辖区内普通国省道公路桥梁定期检查由山东省交通运输事业服务中心统一招标，委托专业检测单位实施。

桥梁养护维修施工任务采取市场化方式委托专业养护机构实施，按照合同约定，负责具体养护业务。专业养护机构须根据区域设置东港养护中心、岚山养护中心、莒县养护中心、五莲养护中心，各养护中心下设相应公路站，分别负责各个辖区路段的普通国省道公路桥梁养护工作，具体由各养护中心主任统筹管理。

3.2 责任体系

3.2.1 总体要求

普通国省道公路桥梁养护管理贯彻“预防为主，安全第一”的工作方针，努力保持桥梁结构的安全性和耐久性。普通国省道公路桥梁养护管理实行“统一领导、分级管理”的原则。日照市公路事业发展中心是本辖区内普通国省道公路桥梁养护管理的责任主体，区县中心是本辖区内普通国省道公路桥梁养护管理的实施主体。

3.2.2 单位及科室职责

3.2.2.1 日照市公路事业发展中心职责

日照市公路事业发展中心对管养公路桥梁主要履行以下养护管理工作职责：

(1)制定本辖区桥梁养护管理工作制度，监督、考核区县中心桥梁养护管理工作。

(2)负责参与监管本辖区的桥梁定期检查工作与桥梁技术状况评定相关工作。组织实施桥梁特殊检查工作。

(3)负责上报桥梁养护工程建议计划，组织实施桥梁中修、大修、改建工程。

(4)负责超重车辆通过桥梁的有关工作。

(5)负责桥梁技术档案的补充、完善和保密工作，以及桥梁养护管理信息数据的更新和维护工作。

(6)负责辖区内桥梁养护技术人员的业务培训工作。

3.2.2.2 区县中心职责

区县中心对管养公路桥梁主要履行以下养护管理工作职责：

(1)负责桥梁日常巡查，及时处置桥梁突发事件，保障桥梁运营安全。

(2)负责桥梁经常检查工作，及时上报桥梁受自然灾害和其他因素损坏的情况。

(3)负责协助桥梁定期检查工作与桥梁技术状况评定相关工作。

(4)负责桥梁的小修保养工作。上报桥梁养护工程建议计划。

(5)负责桥梁技术档案的补充、完善和保密工作，以及桥梁养护管理信息数据的更新和维护工作。

(6)负责桥梁养护人员的业务培训、考核工作。

3.2.2.3 日照市公路事业发展中心内设科室职责

1)养护科

日照市公路事业发展中心养护科主要履行以下工作职责:

(1)协助开展普通国省道养护管理工作。

(2)组织实施普通国省道养护大中修、日常养护、公路绿化和安保工程等工作。

(3)协助开展养护工程交(竣)工验收工作。

(4)参与普通国省道公路站布局、规划和建设管理工作。

(5)参与相关工程项目的前期工作等。

(6)参与全市交通运输系统春运工作。

(7)参与全市大气污染防治工作。

2)安全科

日照市公路事业发展中心安全科主要履行以下工作职责:

(1)承担日照市公路事业发展中心安委会办公室日常工作,监督检查、指导区县中心安全生产管理目标责任制的落实。

(2)参与拟订行业安全生产管理政策、办法和应急预案并组织实施。

(3)参与全市普通国省道干线公路养护企业安全生产监管,配合有关部门对安全生产事故进行调查处理。

(4)承担安全生产信息数据的统计分析工作。

3)应急处置科

日照市公路事业发展中心应急处置科主要履行以下工作职责:

(1)参与拟订普通国省道应急物资储备管理工作方案。

(2)协调普通国省道应急物资储备和调拨工作。

(3)协助开展普通国省道交通战备工作。

(4)组织实施普通国省道应急抢修保通工作。

(5)负责普通国省道应急相关信息收集上报工作。

(6)指导协调全市农村公路应急抢修保通工作。

4)路产保护科

日照市公路事业发展中心路产保护科主要履行以下工作职责:

(1)参与全市普通国省道路产保护工作,协调路产损坏赔偿与恢复工作。

(2)配合执法机关处理涉路违法事件。

(3)配合行政审批机关办理涉路许可事项,参与涉路事项的现场勘察、技术审查、事中事后监管及验收等工作。

(4)参与全市公路路域环境综合整治等工作。

3.2.3　桥梁养护工程师

3.2.3.1　配备要求

桥梁养护管理的技术工作实行桥梁养护工程师制度。日照市公路事业发展中心和区县中心,应分别设置专职的桥梁养护工程师,根据管养需要,配置桥梁养护技术人员协助桥梁养护工程师开展工作,并保持其人员的相对稳定。

日照市公路事业发展中心设专职桥梁养护工程师1~2人;桥梁管养单位(区县中心)依据管养的桥梁规模确定专职桥梁养护工程师人数,并配备相应的桥梁养护技术人员。

3.2.3.2　任职条件

桥梁养护工程师应具备以下条件:

(1)日照市公路事业发展中心桥梁养护工程师应具有5年以上从事桥梁养护管理的工作经历,且具有高级工程师及以上技术职称。

(2)区县中心桥梁养护工程师应具有3年以上从事桥梁养护管理的工作经历,且具有工程师及以上技术职称。

(3)桥梁养护工程师要具备一定的政治素质和专业技能,思想端正,责任心强,懂技术、会管理,处理桥梁突发事件科学果断,工作大胆创新,确保养护的桥梁不发生安全责任事故。

3.2.3.3　主要职责

日照市公路事业发展中心桥梁养护工程师应履行以下主要职责:

(1)负责辖区内桥梁养护管理的技术工作,监督检查管养单位桥梁养护工程师职责履行情况。

(2)组织制定辖区内桥梁养护管理工作计划,并监督实施。

(3)按规定负责复核三、四、五类技术状况桥梁的评定工作。

(4)参与制定三、四、五类桥梁的大、中修和改建工程技术方案及对策措施,并组织审验其科学合理性。

(5)组织辖区内桥梁养护工程师及有关技术人员的技术业务培训。

(6)加强统筹“四新”成果研究推广应用,不断提高桥梁养护科技含量。

区县中心桥梁养护工程师应履行以下主要职责:

(1)主持桥梁的日常巡查、经常检查与评定,负责协助山东省交通运输事业服务中心、日照市公路事业发展中心开展桥梁的定期检查与评定。根据检查结果编制并上报养护维修建议计划,提出须进行特殊检查的桥梁的申请报告,组织编制桥梁养护、维修、改建方案和对策措施。

(2)主持桥梁的小修保养和抗灾抢险工作,考核桥梁养护质量,并及时上报辖区桥梁受自然灾害和其他因素损坏的情况。组织实施超重车辆通过的有关技术工作。

(3)监督、组织桥梁养护大、中修和改建工程;组织并参与桥梁大、中修和改建工程的中间检查和交(竣)工验收。

(4)负责所管辖桥梁技术档案的补充、完善和保密工作,定期对辖区内桥梁技术状况进行综合评价与分析;负责桥梁管理系统的数据更新、系统维护、系统运行以及桥梁养护报告编写等工作。

(5)负责对下级单位桥梁养护人员的技术业务培训、考核工作。

4　桥梁养护基础知识

4.1　专业术语与解释

桥梁技术状况　桥梁结构各部件或构件的综合技术指标，反映桥梁结构的完好程度、安全程度及使用功能的完善程度。

初始检查　新建或改建桥梁交付使用后，对桥梁结构及其附属构件的技术状况进行的首次全面检测，其成果是后期桥梁检查和评定工作的基准。

日常巡查　对桥面及其以上部分的桥梁构件、结构异常变位和桥梁安全保护区的日常巡视和目测检查。

经常检查　抵近桥涵结构，采用目测结合辅助工具对桥面系、上部结构、下部结构和附属设施表观状况进行的周期性检查。

定期检查　对桥涵总体技术状况进行的周期性检查及技术状况评定。

特殊检查　对桥梁承载能力、抗灾能力、耐久性能、水中基础技术状况进行的一项或多项检查与评定，以及对定期检查中难以判明病害成因及程度的桥梁进行的检查。

应急检查　当桥梁受到灾害性损伤后，为了查明破损状况，采取应急措施，组织恢复交通，对结构进行的详细检查和鉴定工作。

日常养护　对桥涵及其附属设施进行的维护保养和修补轻微缺损的工作。

预防养护　桥涵有轻微病害但整体性能良好，为延缓其性能衰减、延长使用寿命而采取的防护工程。

修复养护　为恢复桥涵技术状况而实施的功能性、结构性修复或更换的工程措施。

专项养护　为恢复、完善或提升桥涵使用功能而集中实施的增设、加固、改造、拆除重建等工程措施。

应急养护　突发情况造成公路桥涵损毁、交通中断、产生安全隐患时，实施的应急抢修、保通等工程措施。

桥涵加固　对桥涵部件或构件采取的补强、更换或调整内力等使其满足使用要求的工程措施。

桥涵改建　桥涵不能满足使用需求，为提升其技术标准、荷载等级、通行能力、抗灾能力等而实施的改造工程。

4.2 桥梁分类

桥梁可按跨径、结构形式、使用功能、上部结构所用材料等进行分类。

4.2.1 按跨径分类

桥梁按跨径分类见表4.2-1。

桥梁按跨径分类　　表4.2-1

桥梁分类	多孔跨径总长 L(m)	单孔跨径 L_k(m)
大桥	$100 \leqslant L \leqslant 1000$	$40 \leqslant L_k \leqslant 150$
中桥	$30 < L < 100$	$20 \leqslant L_k < 40$
小桥	$8 \leqslant L \leqslant 30$	$5 \leqslant L_k < 20$

注:1. 单孔跨径系指标准跨径。

2. 标准跨径:梁桥、板式桥以两桥墩中线间桥中线长度或桥墩中线与桥台台背前缘间距为准,拱桥以净跨径为准,见图4.2-1、图4.2-2。

3. 梁桥的多孔跨径总长为多孔标准跨径的总长,拱桥为两端桥台内起拱线间的距离,其他形式桥梁为桥面系行车道长度。

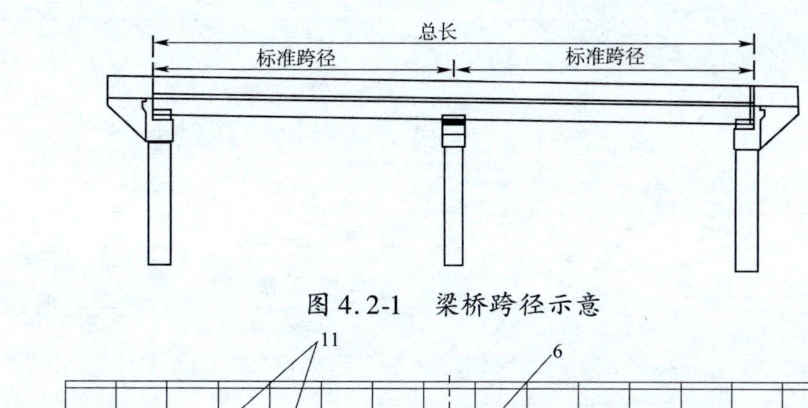

图4.2-1　梁桥跨径示意

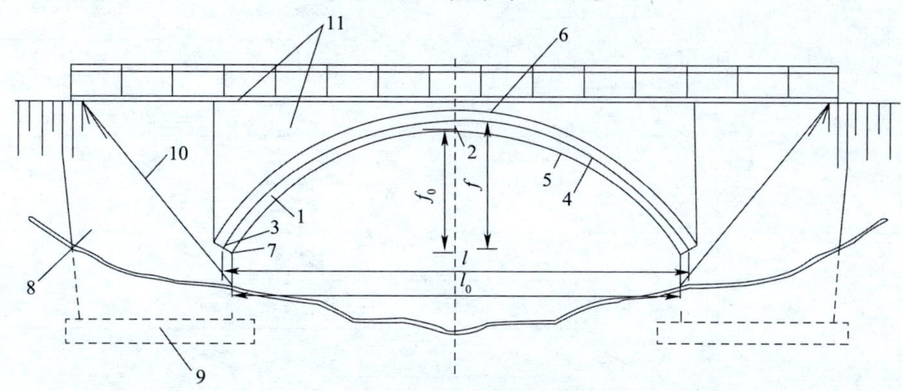

图4.2-2　拱桥跨径示意

1-主拱圈;2-拱顶;3-拱脚;4-拱轴线;5-拱腹;6-拱背;7-起拱线;8-桥台;9-基础;10-锥坡;11-拱上建筑;l_0-净跨径;l-计算跨径;f_0-净矢高;f-计算矢高;$f/l(f_0/l_0)$-矢跨比

4.2.2 按结构形式分类

常见的结构形式有梁桥、拱桥、斜拉桥及悬索桥等。

4.2.3 按上部结构所用材料分类

按上部结构所用材料，分为钢筋混凝土桥、预应力混凝土桥、圬工桥（包括砖石桥、素混凝土桥）等。

4.3 桥梁构件划分

4.3.1 构件划分

桥梁一般由上部结构（也称桥跨结构）、下部结构、支座、附属设施（包括桥面系、伸缩缝、桥头搭板、锥坡、排水设施等）等部分组成。日照市普通国省道公路桥梁类型仅包括梁桥、拱桥，以下针对梁桥、拱桥构件进行介绍。

梁桥构件划分见表4.3-1。

梁桥构件划分　表4.3-1

部位	构件组成
上部结构	上部承重构件（主梁、挂梁）
	上部一般构件（湿接缝、铰缝、横隔板等）
	支座
下部结构	翼墙、耳墙
	锥坡、护坡
	桥墩
	桥台
	墩台基础
	河床
	调治构造物
桥面系及附属设施	桥面铺装
	伸缩缝装置
	人行道
	栏杆、护栏
	排水系统
	照明、标志

拱桥构件划分见表4.3-2。

拱桥构件划分　　表4.3-2

部位	构件组成
上部结构	主拱圈
	拱上结构
	桥面板
下部结构	翼墙、耳墙
	锥坡、护坡
	桥墩
	桥台
	墩台基础
	河床
	调治构造物
桥面系及附属设施	桥面铺装
	伸缩缝装置
	人行道
	栏杆、护栏
	排水系统
	照明、标志

三维图示示例见图4.3-1～图4.3-4。

4.3.2 上部结构

4.3.2.1 梁桥

梁桥(图4.3-5)是一种横跨在两端支撑上的水平结构的桥梁,按主梁截面形式可分为预制空心板梁桥、预制小箱梁桥、现浇板梁桥、现浇箱梁桥、预制T梁桥、I形组合梁桥和工字形组合梁桥等。

1)预制空心板梁桥

上部结构由多片预制板拼装而成,外形上类似空心薄板,故得名。可分为钢筋混凝土和预应力混凝土两种结构,具有外形简单,梁高小、易制作、质量轻、架设方便等优点。其常用跨径一般在20m以下。其横断面构造见图4.3-6。

2)预制小箱梁桥

上部结构由多片预制箱形截面梁拼装组成的桥称为预制小箱梁桥,常采用部分预应力混凝土结构且先简支后连续，具有结构简单、受力明确、架设安装方便等优点。其横断面构造见图 4.3-7。

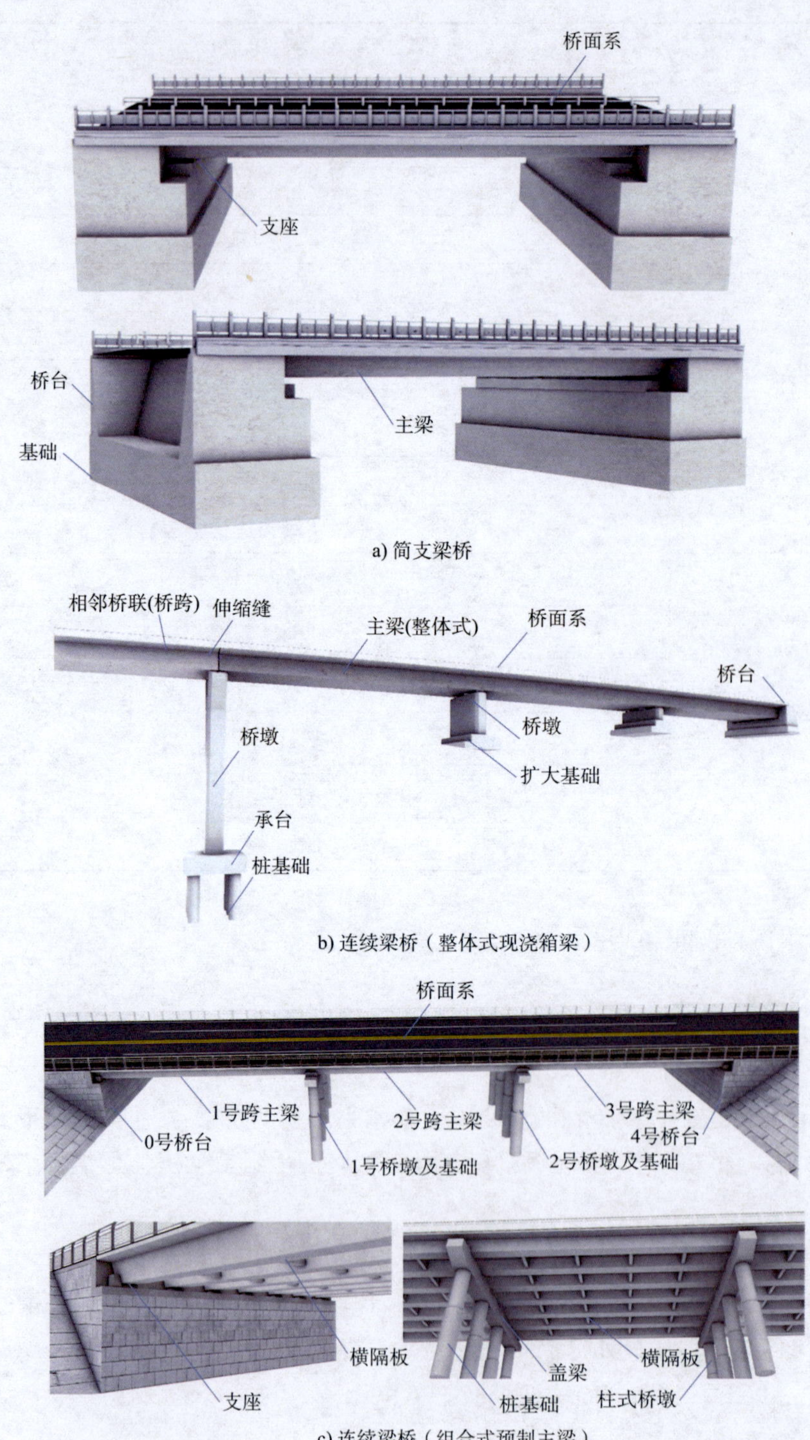

a) 简支梁桥

b) 连续梁桥（整体式现浇箱梁）

c) 连续梁桥（组合式预制主梁）

图 4.3-1

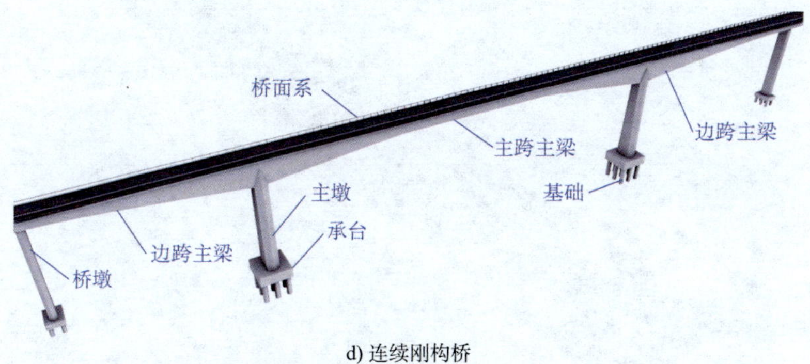

d) 连续刚构桥

图 4.3-1 梁桥构件组成三维示例

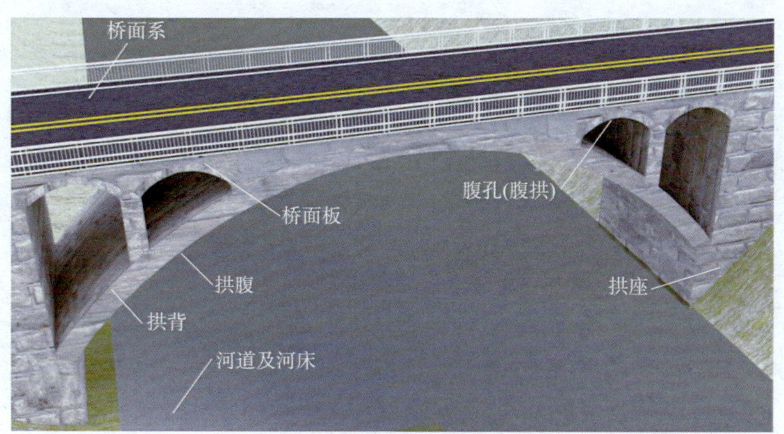

a) 空腹式拱桥

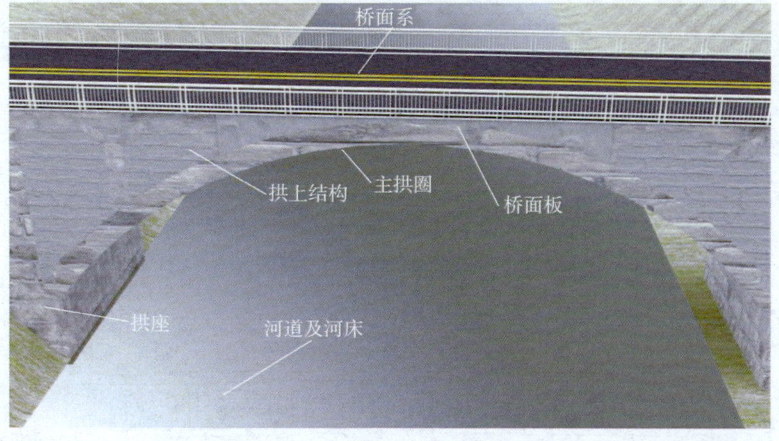

b) 实腹式拱桥

图 4.3-2 拱桥构件组成三维示例

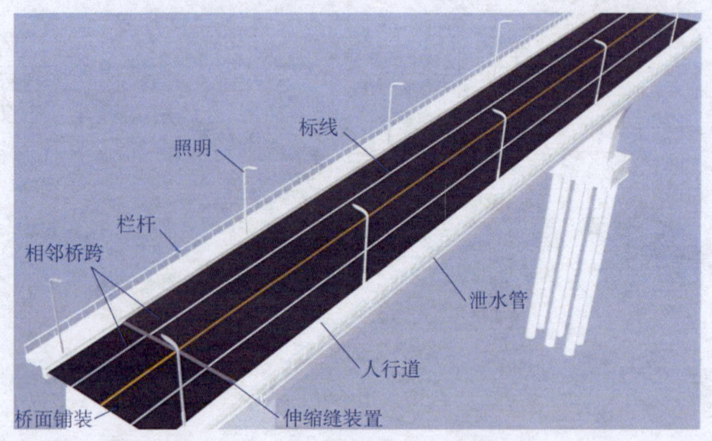

图 4.3-3　桥面系构件三维示例

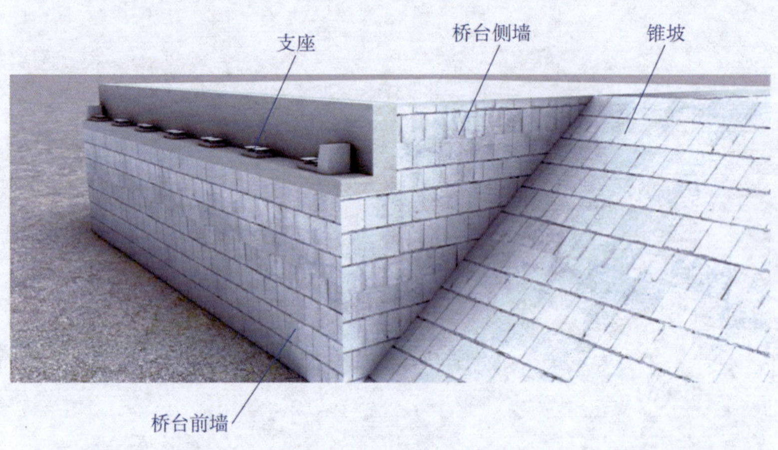

图 4.3-4　桥台及锥坡三维示例

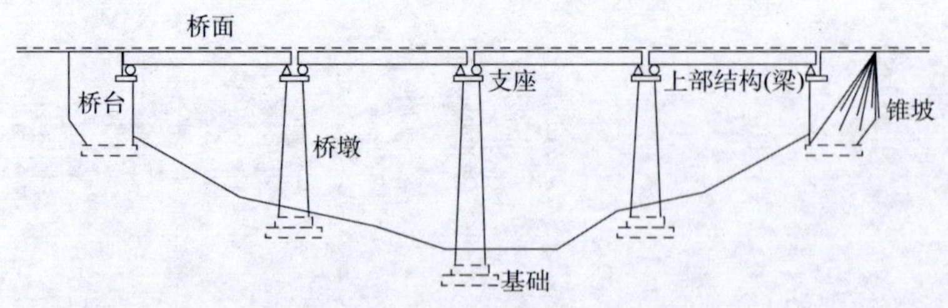

图 4.3-5　梁桥基本组成

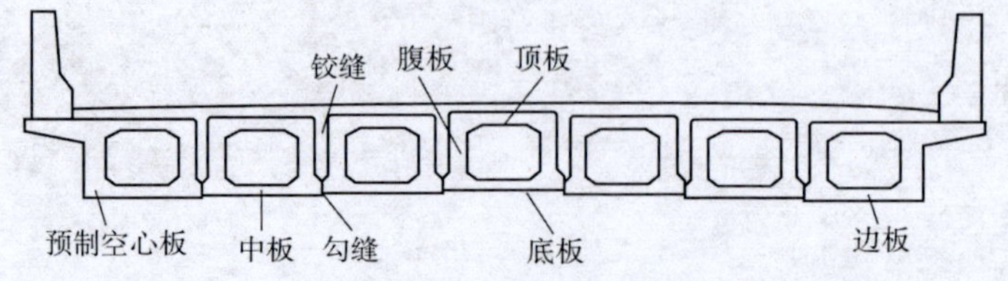

图 4.3-6　预制空心板横断面构造示意

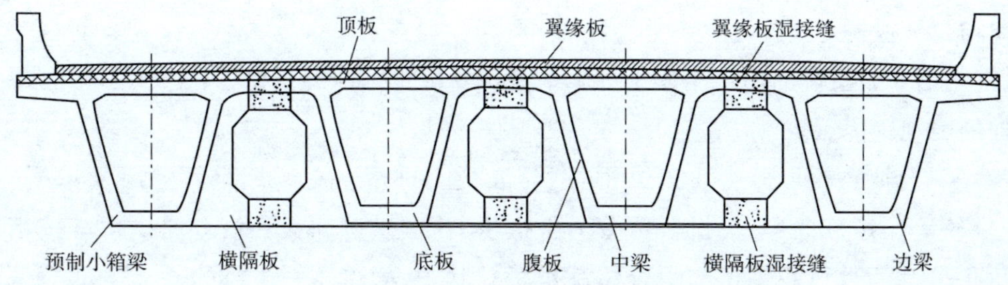

图 4.3-7 预制小箱梁横断面构造示意

3)整体现浇板梁桥

采用支架现浇法施工矩形板截面的梁桥,称为整体现浇板梁桥,一般有实心截面和挖孔截面,常采用钢筋混凝土结构,具有整体性及耐久性好等优点。其横断面构造见图 4.3-8。其常用跨径一般为 6~8m。

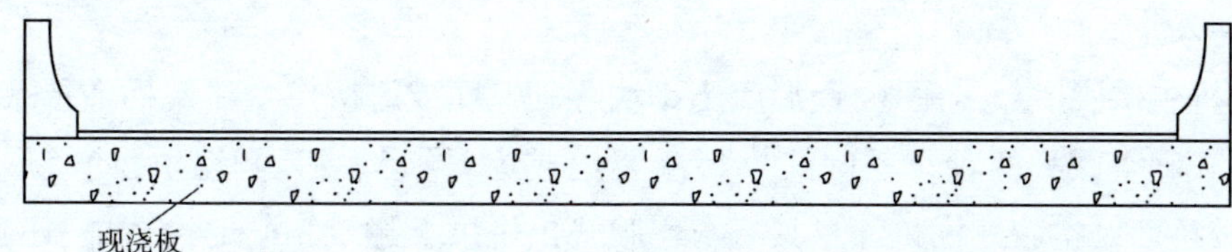

图 4.3-8 整体现浇板梁桥横断面构造示意

4)现浇箱梁桥

现浇箱梁桥可分为连续梁桥和连续刚构桥两大类。现浇箱梁桥主梁为箱形截面,采用搭设满堂支架或悬臂挂篮节段现浇施工,具有整体性强、耐久性好、跨越能力较强、承载能力大等优点。根据箱梁截面分室多少,可分为单箱单室、单箱双室和单箱多室。跨径一般在 20~250m。跨径在 20~60m 之间时多采用等截面形式满堂支架现浇施工,跨径在 60m 以上时采用变截面形式,采用悬臂挂篮施工。小跨径现浇箱梁多为钢筋混凝土结构,大跨径现浇箱梁多采用预应力混凝土结构。现浇箱梁桥横断面构造示意见图 4.3-9。

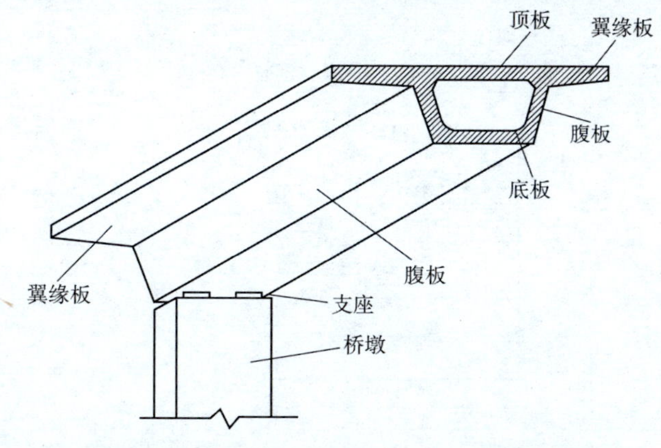

图 4.3-9 现浇箱梁桥横断面构造示意

4.3.2.2 拱桥

拱桥是指在竖直平面内以拱作为上部结构主要承重构件的桥梁，具有跨越能力强、耐久性好、外形美观等优点。

按建筑材料，拱桥可分为圬工拱桥、钢筋混凝土拱桥、钢拱桥、钢管混凝土拱桥、型钢混凝土拱桥等。按截面形式，拱桥可分为板拱桥、箱形拱桥、肋拱桥、双曲拱桥。按结构体系，拱桥可分为简单体系拱桥与组合体系拱桥。其中，简单体系拱桥的桥上全部荷载由主拱单独承受，它们是桥跨结构的主要承重构件；组合体系拱桥一般由拱和梁、架或刚架等两种以上的基本结构体系组合而成，拱桥的传力结构与主拱共同承受荷载；根据构造方式及受力特点，组合体系拱桥可分为桁架拱桥、刚架拱桥、桁式组合拱桥和梁拱式组合体系桥四大类。

本部分主要针对日照市所辖涉及的圬工拱桥、双曲拱桥、箱型拱桥、肋拱桥进行介绍。

1）圬工拱桥

圬工拱桥主拱圈一般采用块石、混凝土砌块等砌筑而成。按拱上建筑构造形式，圬工拱桥分为实腹式和空腹式两种。实腹式拱桥主要组成为：拱腹填料、侧墙护拱、变形缝、防水层、泄水管及桥面。空腹式拱桥除了具有与实腹式拱桥拱上建筑相同的构造外，还具有腹孔和腹孔墩。圬工拱桥具有能就地取材，节约钢材水泥，外形美观，构造简单，耐久性能好，维护费用低等优点。跨径一般在 6～30m。圬工拱桥立面布置、断面构造示意见图 4.3-10。

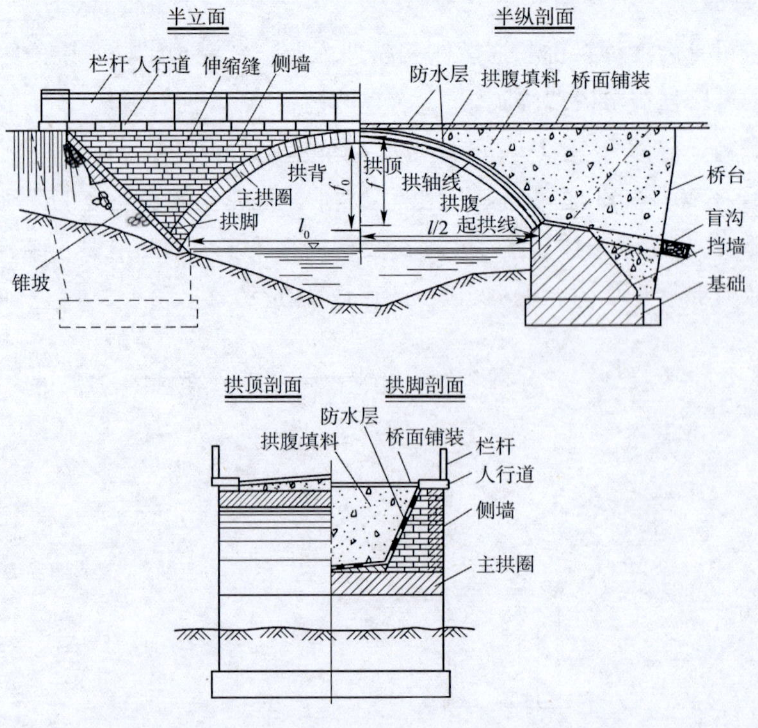

图 4.3-10 圬工拱桥立面布置、断面构造示意

2) 双曲拱桥

双曲拱桥的主拱圈由拱肋、拱波、拱板和横向联系构件等部件组成，其外形在纵横两个方向均呈弧形曲线。其主要特点是将主拱圈以“化整为零”的方法按先后顺序施工，再以“集零为整”的组合式整体结构承重。为了加强受力的整体性，在拱肋之间设置有横系梁。根据桥梁宽度的不同，双曲拱桥主拱圈横截面可以做成单波、双波、多波、悬半波和高低波。双曲拱桥立面布置、断面构造示意见图 4.3-11。

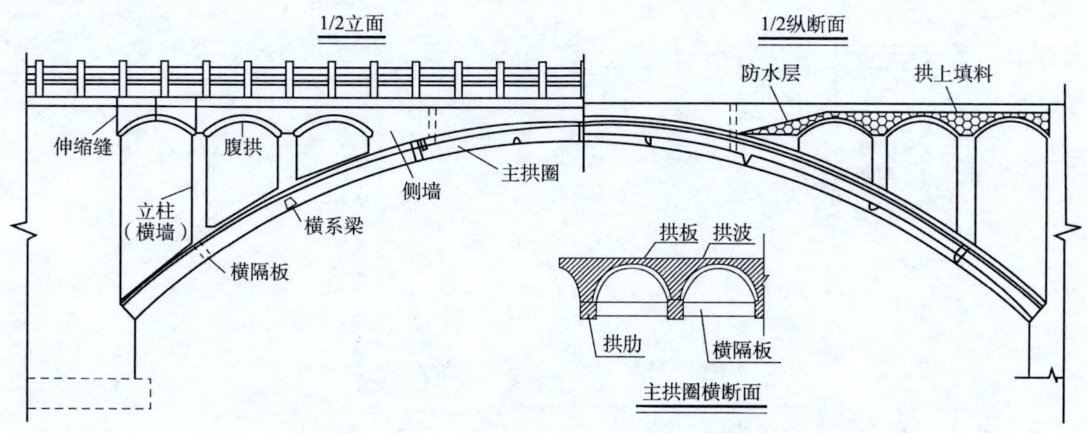

图 4.3-11 双曲拱桥立面布置、断面构造示意

3) 箱形拱桥

箱形拱桥拱肋采用箱形截面，箱形拱桥外形与板拱桥相似，由于截面挖空，使箱形拱的截面抗矩比相同材料用量的板拱大很多，所以能节省材料，减轻自重，对于大跨径拱桥效果更为显著。跨越能力强是箱形拱桥的突出特点。箱形拱桥构造示意见图 4.3-12。

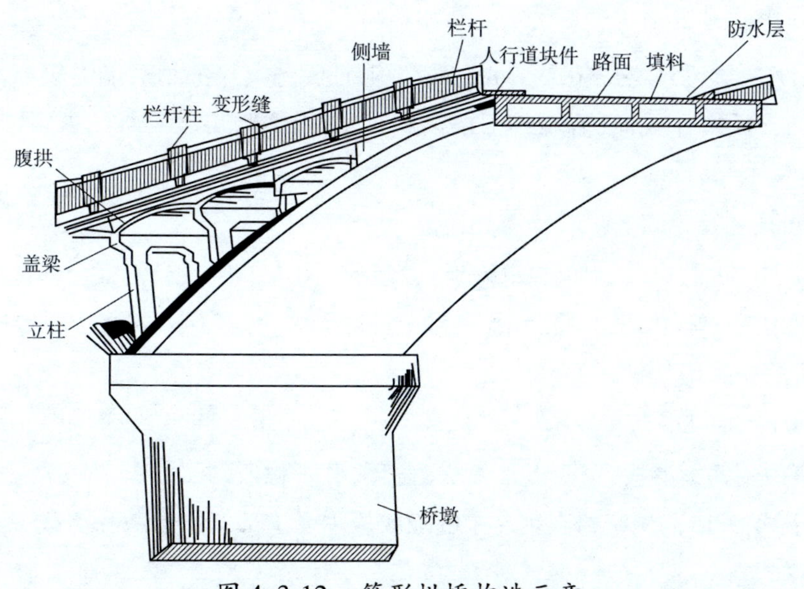

图 4.3-12 箱形拱桥构造示意

4)肋拱桥

拱圈由两条或两条以上分离的拱肋组成,拱肋之间用横系梁(或横隔板)联结成整体,使拱肋共同受力并增强拱肋的横向稳定性,这样的拱桥称为肋拱桥。肋拱桥的特点是横截面面积小,具有自重轻、材料省、跨越能力强等特点。肋拱桥立面布置、断面构造示意见图4.3-13。

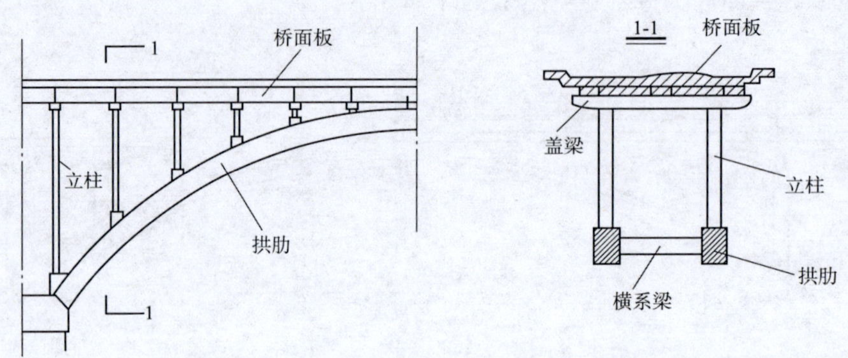

图4.3-13　肋拱桥立面布置、断面构造示意

4.3.2.3　支座

支座是连接桥梁上部结构和下部结构的重要结构部件。支座位于桥梁和垫石之间,其作用是将上部结构的荷载顺适、安全地传递到桥梁墩台上去。支座是桥梁的重要传力装置,它不仅能传递上部结构的支反力,包括恒载和活载引起的竖向力、水平力,还能保证结构在活载、温度变化、混凝土收缩和徐变等因素作用下能自由变形。

本辖区内桥梁常用支座有油毛毡支座、板式橡胶支座、盆式支座等。

1)油毛毡支座

一般采用几层油毛毡制成垫层支承上部结构,油毛毡支座的承载能力较小,多用于跨径小于10m的简支板式桥。油毛毡支座可隔离主梁与墩台,还可起到不约束主梁顺桥向变形的作用。

2)板式橡胶支座

板式橡胶支座由两层以上加劲钢板和橡胶组成(图4.3-14),且钢板全部包在橡胶体内。橡胶支座具有构造简单、加工方便、节省钢材、造价低、结构高度小、安装方便等一系列优点,常用于预制拼装桥梁中。

3)盆式支座

盆式支座由不锈钢滑板、聚四氟乙烯板、盆环、氯丁橡胶块、钢密封圈、钢盆塞及橡胶防水圈等组成(图4.3-15),用密封在钢盆中的橡胶板承受上部结构恒载和活载,并将该荷载传递到下部结构。

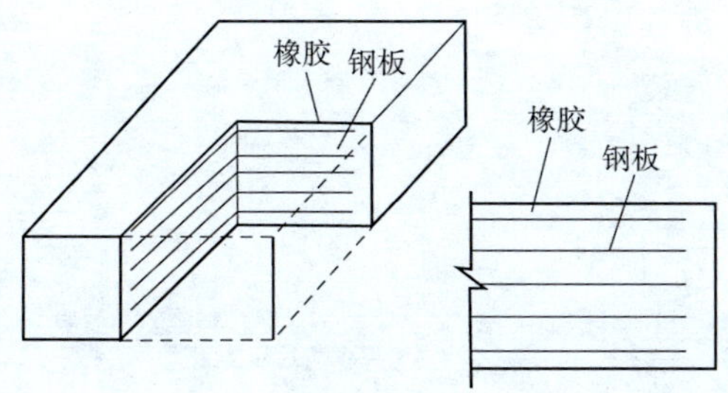

图 4.3-14　板式橡胶支座构造示意

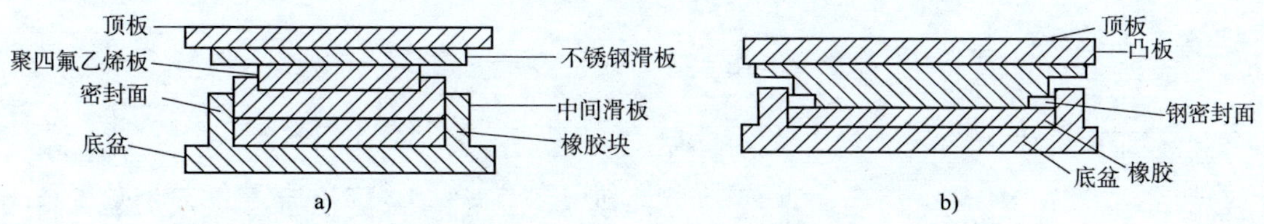

图 4.3-15　盆式支座构造示意

4.3.3　下部结构

下部结构是桥梁的重要组成部分，具有支撑、荷载传递和抵御外力等功能，主要包括桥墩、桥台、基础、锥（护）坡和翼（耳）墙等。

4.3.3.1　桥台

桥台位于桥梁的两端，与路堤相连接，主要起到支撑桥梁上部结构、将荷载传递至地基以及抵御桥头填土土压力和其他外力的作用。

1）重力式桥台

重力式桥台也称为实体式桥台，主要依靠自身重量来平衡土压力，桥台台身多用混凝土或片、块石砌筑，具有结构简单、施工方便等优点，但重力式桥台的体积较大，对地基的要求较高。按截面形式，重力式桥台可分为 U 形桥台、T 形桥台、耳墙式桥台、埋置式桥台（图 4.3-16）等。

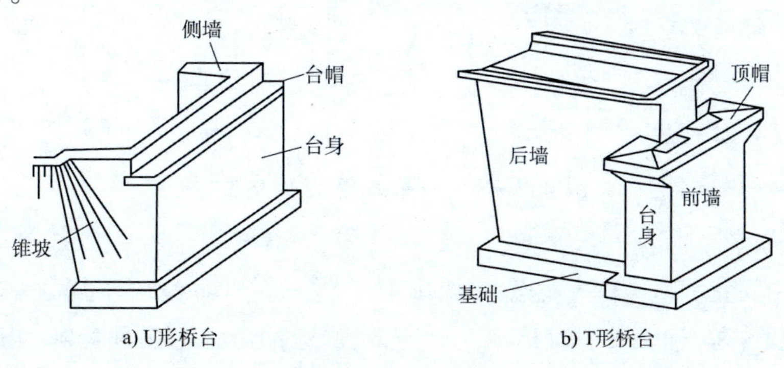

图　4.3-16

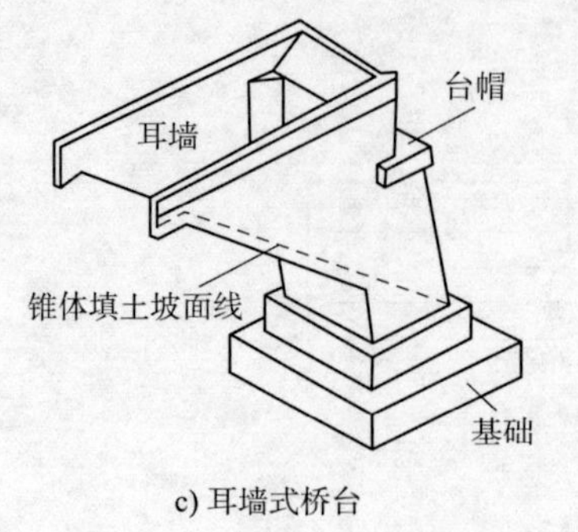

c) 耳墙式桥台

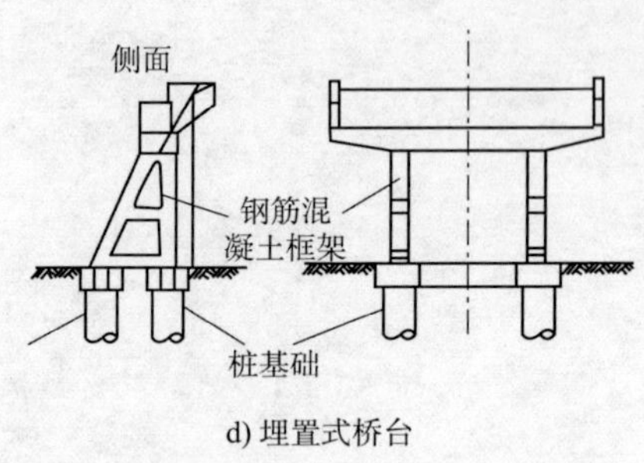

d) 埋置式桥台

图 4.3-16 重力式桥台示意图

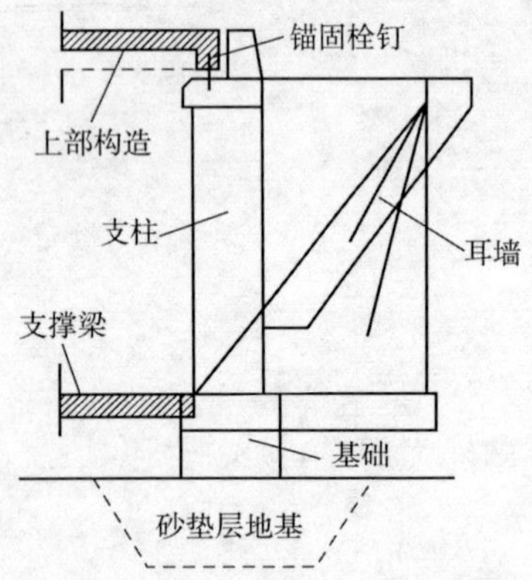

图 4.3-17 轻型桥台示意图

2) 轻型桥台

轻型桥台是利用钢筋混凝土结构的抗弯能力来减小圬工体积而使桥台轻型化的一种结构形式(图 4.3-17),主要可分为薄壁轻型桥台和支撑梁轻型桥台,通过改变结构形式来减小体积和重量,同时保持足够的强度和稳定性。轻型桥台适用于小跨径桥梁,适用于地基条件较差或需要减小占地面积的场合。

3) 框架式桥台

框架式桥台由立柱和横梁组成框架结构,具有较大的刚度和稳定性,其构造形式有柱式、墙式等(图 4.3-18)。框架式桥台适用于需要承受较大水平力的场合。

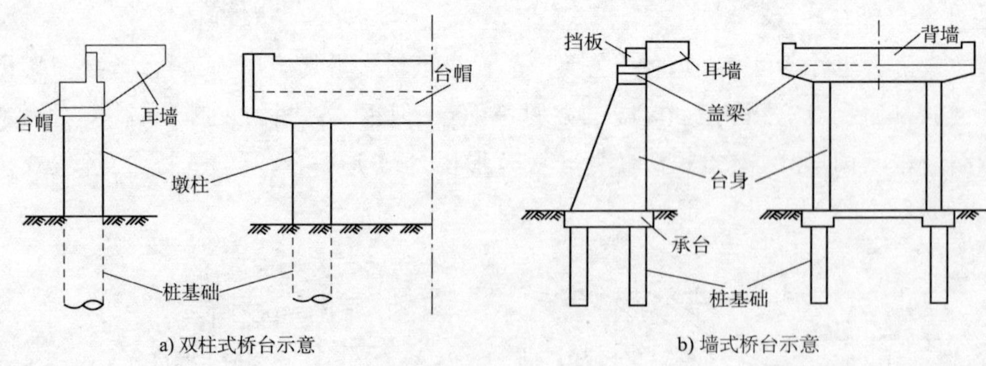

a) 双柱式桥台示意

b) 墙式桥台示意

图 4.3-18 框架式桥台示意图

4.3.3.2 桥墩

多跨桥的中间支承结构称为桥墩,主要用于支撑桥跨结构传来的荷载,将这些结构所承受的重量和荷载传递到基础,还直接承受土压力、水流冲击力等多种荷载。桥墩分为柱式墩、薄壁墩、重力式桥墩/实体墩等。按平面形状可分为矩形墩、尖端形墩、圆形墩等。桥墩的材料可用木料、石料、混凝土、钢筋混凝土、钢材等。

1）柱式墩

柱式墩是在钻孔桩基础上建设立柱桥墩的墩身，墩身由一个或几个立柱组成，在柱顶浇筑盖梁（图4.3-19）。柱式墩常采用两根直径较大的钻孔桩作为基础，再在其上建立柱做成双柱墩，并在两柱之间设置横系梁以增大刚度，通常采用混凝土材料制成，优点是材料用量经济、施工简便。

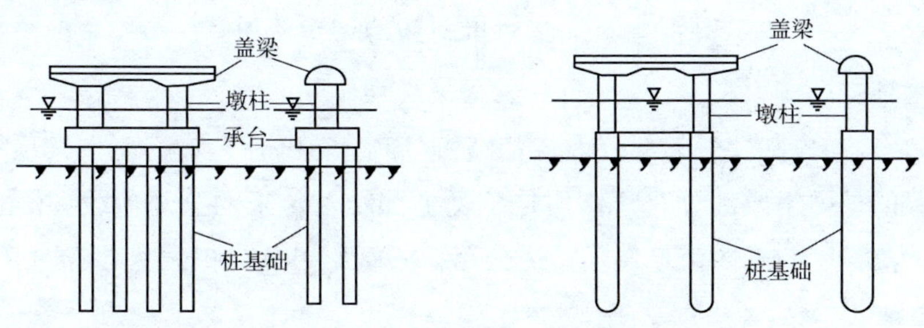

图4.3-19　柱式墩立面构造示意图

柱式墩（台）的盖梁，又称帽梁，是设置在桥墩（台）或排桩顶部的横梁，其主要作用是支承、分散和传递上部结构的荷载，这些荷载通过盖梁传递给下部结构和基础，确保桥梁的稳定性和安全性。

2）薄壁墩

薄壁墩是指横桥向长度基本和其他形式的墩相同，而纵桥向长度很小的桥墩（图4.3-20）。薄壁墩主要分为钢筋混凝土薄壁墩、双壁墩及V形墩三类，具有可节省材料、减轻桥墩的自重、桥梁美观等优点，适合于大跨度桥梁。

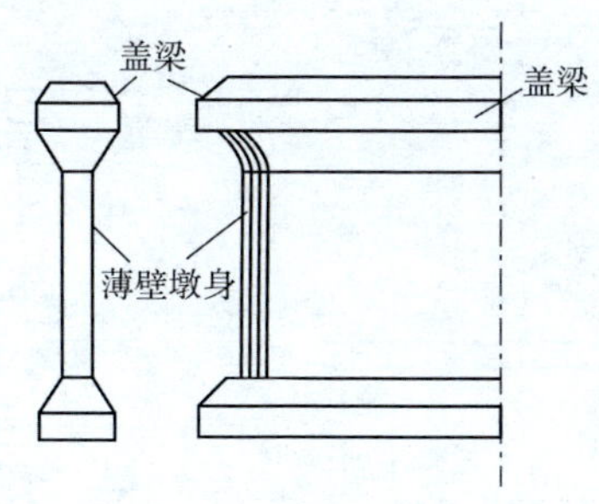

图4.3-20　薄壁墩立面构造示意图

3）实体墩

实体墩一般为采用混凝土或石砌的实体结构，墩身上设墩帽，下接基础（图4.3-21）。实体墩的截面形状主要有圆端墩、尖端墩、圆角形墩及圆形墩等，具有坚固耐久、施工简易、取材方便、节约钢材等优点。

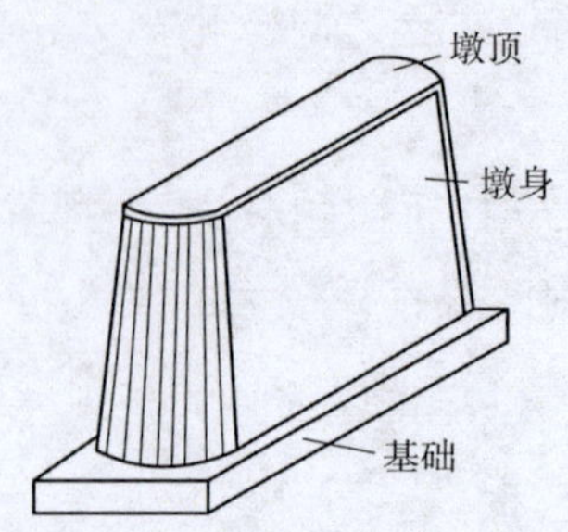

图 4.3-21 实体墩立面构造示意图

4.3.3.3 基础

桥梁下部结构与地基接触的部分称为基础，直接坐落在岩石或地基上，其顶端连接桥墩或桥台，是桥梁的重要组成部分。其作用是承受上部结构传来的全部荷载，并传递给地基。按构造和施工方法不同，日照市普通国省道公路桥梁基础可分为扩大基础、桩基础等。

1) 扩大基础

扩大基础，又称明挖扩大基础或浅基础，是将墩(台)及上部结构传来的荷载由直接传递至较浅的支承地基的一种基础形式[图 4.3-22a)]。它一般采用明挖基础的方法进行施工，具有结构简单、施工方便、受力明确等特点。

2) 桩基础

桩基础是通过承台把若干根桩的顶部联结成整体，共同承受动、静荷载的一种深基础[图 4.3-22b)]。桩是设置于土中的竖直或倾斜的基础构件，其作用在于穿越软弱的高压缩性土层或水，将桩所承受的荷载传递到更硬、更密实或压缩性较小的地基持力层上。桩基础由埋设在地基中的多根桩(称为“桩群”)和把桩群联合起来共同工作的桩台(称为“承台”)两部分组成。

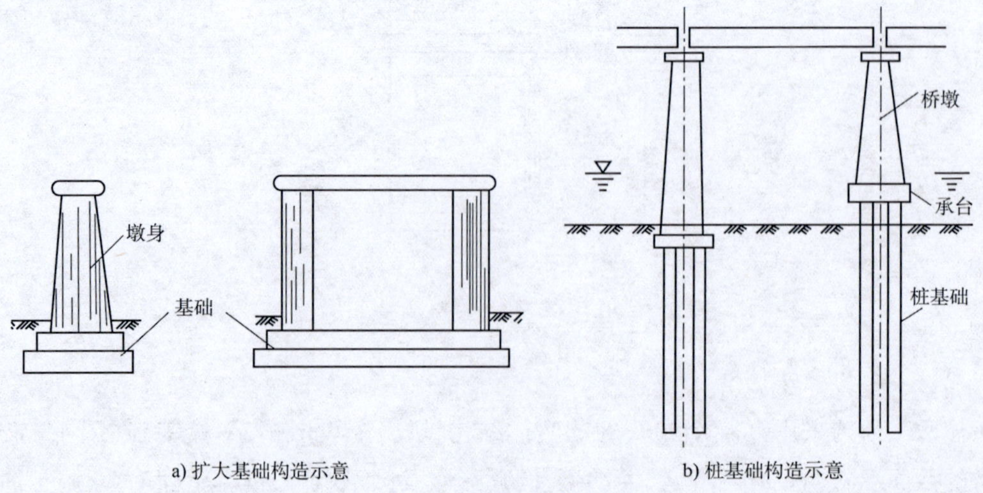

a) 扩大基础构造示意

b) 桩基础构造示意

图 4.3-22 墩台基础构造示意图

4.3.3.4 翼墙、耳墙

翼墙[图4.3-23a)]是一种为保证涵洞或重力式桥台两侧路基边坡稳定并起引导河流作用而设置的挡土结构物。它通常与主体结构(如桥台、涵洞等)平行或垂直设置,用于提供额外的支撑、防护和引导功能。按类型可分为直墙式翼墙、八字式翼墙。

在埋置式桥台中一般承台以上的部位为背墙,在背墙两侧与台帽或盖梁两端连接,呈倒三角形的小型挡土墙为耳墙[图4.3-23b)]。

a) 翼墙

b) 耳墙

图4.3-23 翼墙、耳墙示意图

4.3.3.5 锥坡、护坡

锥坡、护坡(图4.3-24)是为保护路堤边坡不受冲刷,在桥涵与路基相接处修筑的锥形护坡,又称锥体护坡。在采用埋置式、桩式、柱式桥台或桥台布置不能完全挡土时,为保护桥头路堤的稳定并防止冲刷,在两侧设置锥坡、护坡。

a) 锥坡

b) 护坡

图4.3-24 锥坡、护坡示意图

4.3.3.6 河床及调治构造物

河床是河谷中被水流淹没的部分它随水位涨落而变化[图4.3-25a)]。河床的形态受多种因素影响,包括地形、地质、土壤、水流冲刷、搬运和泥沙堆积等。

调治构造物是为引导或改变水流方向,使水流平顺地通过桥孔以减缓水流对桥位附近河床、河岸的冲刷而修建的水工构造物[图4.3-25b)]。调治构造物主要作用是调节水流使其均匀、顺畅地流过桥孔,防止桥下断面和上下游附近的河床、河岸发生不利变形,确保桥梁安全,保护桥梁墩台和桥头引道的正常使用,保护附近河堤、建筑、农田等免受水害。

a) 河床

b) 调治构造物

图4.3-25 河床及调治构造物示意图

4.3.4 桥面系及附属设施

桥面系是直接承受车辆、人群等荷载并将其传递到主梁的整个桥面构造系统,包括桥面铺装、人行道、护栏等。

4.3.4.1 桥面铺装

桥面铺装即行车道铺装,它是车轮直接作用的部分。桥面铺装的作用在于防止车轮或履带直接磨耗行车道板,保护主梁免受雨水的侵蚀,并分散车轮的集中力。目前常见的桥面铺装形式有沥青混凝土桥面铺装及混凝土桥面铺装。

1)沥青混凝土桥面铺装

沥青混凝土桥面铺装(图4.3-26)是将沥青混凝土铺设在桥梁的行车道表面,以提供车辆行驶所需的摩擦力、耐磨性和防滑性,同时能够减小车辆对桥面的冲击,保护桥面结构,延长桥梁使用寿命。按照材料类型划分,包括普通沥青混凝土、改性沥青混凝土和橡胶沥青混凝土等。

2)混凝土桥面铺装

混凝土桥面铺装(图4.3-27)的主要材料包括水泥、集料(粗集料和细集料)、水、外加剂等。混凝土桥面铺装层直接承受车辆轮压的作用,既是保护层,又是受力层,具有强度高、整体性好、抗冲击和耐疲劳性能强等特点。

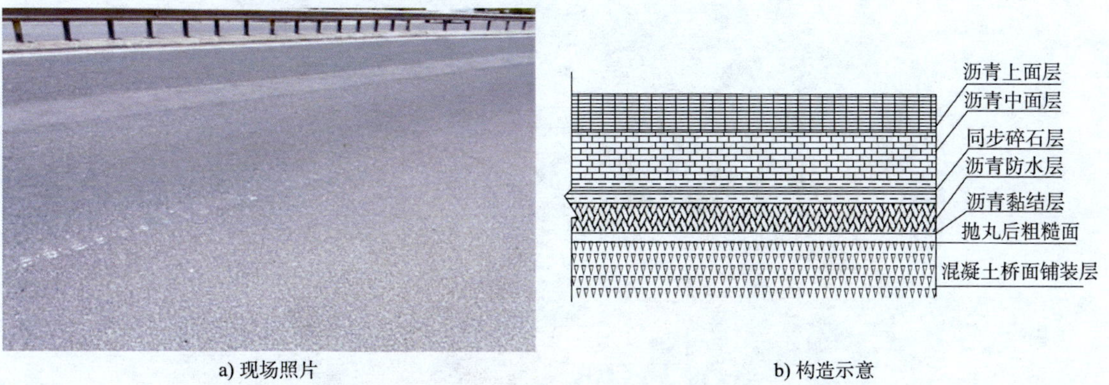

a) 现场照片　　b) 构造示意

图 4.3-26　沥青混凝土桥面铺装

图 4.3-27　混凝土桥面铺装

4.3.4.2　伸缩缝装置

为满足桥面变形的要求，通常在两梁端之间、梁端与桥台之间或桥梁的铰接位置设置伸缩缝。伸缩缝装置是为使车辆平稳通过桥面并符合桥梁上部结构变形的需要，在伸缩缝处设置的各种装置的总称。其在平行、垂直于桥梁轴线的两个方向均能自由伸缩，牢固可靠，车辆行驶过时应平顺、无跳车与异常声响。常用伸缩缝有模数式伸缩缝、异形钢单缝式伸缩缝、梳齿式伸缩缝、板式橡胶伸缩缝等。

1) 模数式伸缩缝

模数式伸缩缝采用整体成型的异形钢材制成，由边梁、中梁、横梁、位移控制系统、密封橡胶带等构件组成(图 4.3-28)。

2) 异形钢单缝式伸缩缝

异形钢单缝式伸缩缝是由橡胶密封带及异形钢组成的伸缩装置(图 4.3-29)。其中，由单缝钢和橡胶密封带组成的单缝式伸缩装置，适用于伸缩量不大于 60mm 的公路桥梁；由边钢梁和橡胶密封带组成的单缝式伸缩装置，适用于伸缩量不大于 90mm 的公路桥梁。

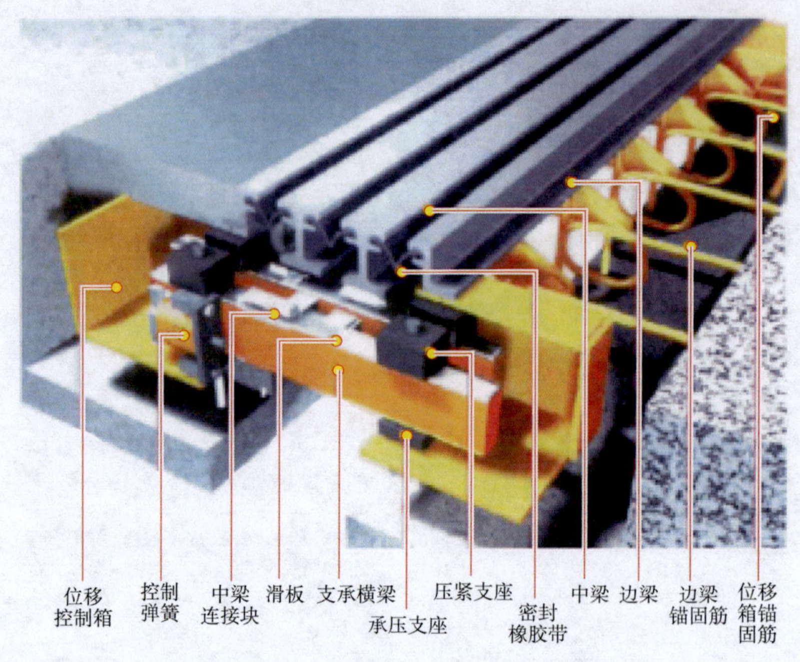

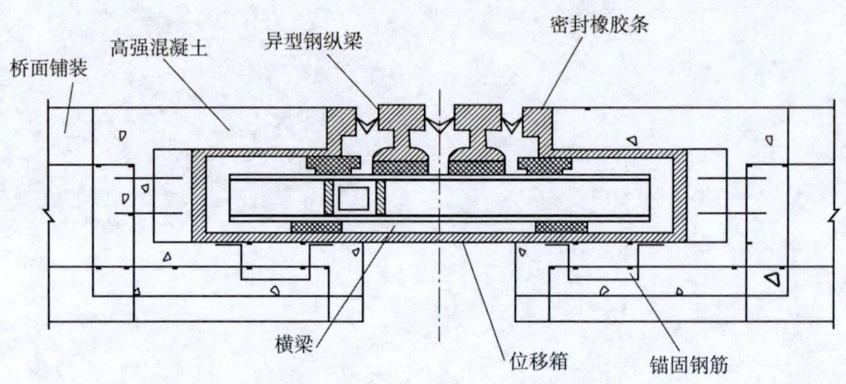

图 4.3-28　模数式伸缩缝示意

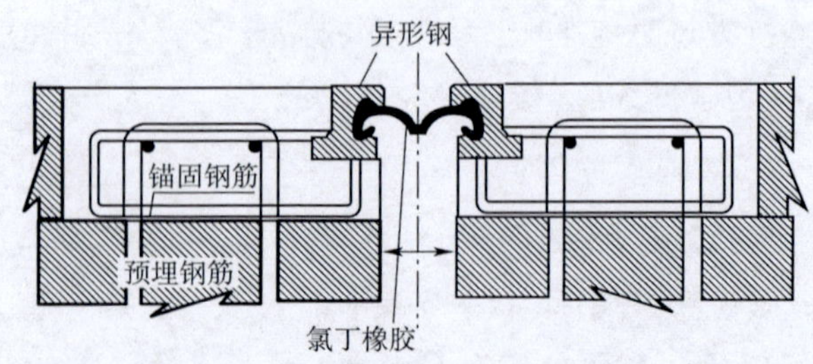

图 4.3-29　异形钢单缝式伸缩缝示意

3）梳齿式伸缩缝

梳齿式伸缩缝（图 4.3-30）主要由梳齿形钢板（又称“梳齿板”）、不锈钢滑板、氯丁橡胶板、锚固螺栓等组成,通过梳齿板的伸缩来吸收桥梁在温度变化或交通荷载作用下产生的伸缩变形,防止因变形过大而产生的裂缝和损坏。当桥梁受到温度变化、地震或地基沉降等因素影响时,梳齿板能够相互滑动,允许桥梁发生伸缩变形,从而减小桥梁的应力和变形,保护桥梁的完整性和稳定性。

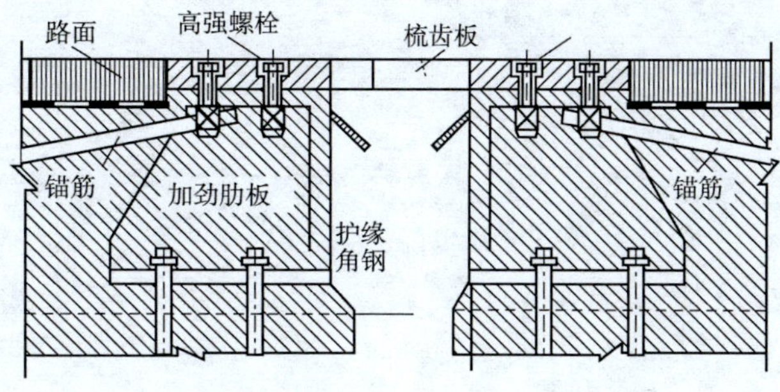

图 4.3-30 梳齿式伸缩缝示意

4)板式橡胶伸缩缝

板式橡胶伸缩缝(图 4.3-31)是一种利用橡胶的高弹性和不可压缩性来吸收桥梁等结构物因热胀冷缩或振动而产生的变形的装置。利用橡胶剪切量低的原理设计制造而成,通过橡胶的剪切变形来适应桥面的伸缩位移,同时,橡胶的不可压缩性使得伸缩缝在压缩时能够防止向上隆起。

图 4.3-31 板式橡胶伸缩缝

4.3.4.3 人行道

人行道是用路缘石或护栏及其他类似设施加以分隔的专门供人行走的部分(图 4.3-32),按人行道的施工方法,分为就地浇筑式、预制装配式、部分装配和部分现浇的混合式。

4.3.4.4 栏杆、护栏

栏杆、护栏(图 4.3-33)是指设置于桥梁人行道或行车道两侧,起分隔、导向作用的安全设施,其目的是保障行人、车辆安全和美化桥梁建筑。

a) 现场照片

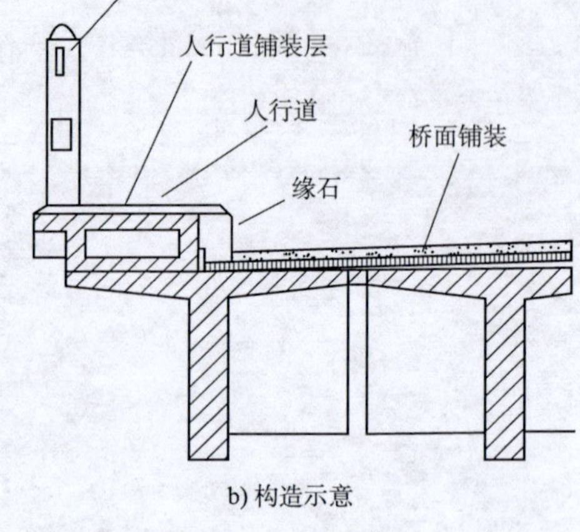

b) 构造示意

图 4.3-32　人行道

图 4.3-33　栏杆、护栏

按设置位置可分为桥侧护栏、桥梁中央分隔带护栏和人行道、车道分界处护栏；按材质可分为金属栏杆/护栏和混凝土栏杆/护栏。公路梁桥上多采用混凝土装配式栏杆/护栏，混凝土栏杆/护栏具有造价低、易安装等优点。

4.3.4.5　防排水系统

桥梁防排水系统（图 4.3-34）是确保桥梁结构长期稳定运行的关键组成部分，它主要由排水沟、雨水口、防水层等构成。排水系统可以将桥梁表面积水及时排出，避免积水对桥梁造成损害。在桥面设计时，会设置纵、横坡及泄水孔，以减少桥面积水，达到防、排结合的目的。

4.3.4.6　照明、标志

桥梁照明与标志是确保桥梁交通安全、引导交通流及提供必要信息的附属设施。

4.3.5　构件编号

桥梁检查、评定、养护过程中，均涉及构件编号，构件宜采用统一的编号方式。日常巡查、经常检查、定期检查记录及相关报告中,构件编号规则统一。

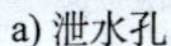

a) 泄水孔

b) 纵向排水管

图 4.3-34 排水系统

4.3.5.1 编号规则总则

编号规则可参照如下方式:

(1)桥梁前进方向的确定:主线桥梁以低桩号到高桩号方向为前进方向;跨高速桥梁由该类桥梁的低桩号侧面向高桩号侧从左至右为前进方向;匝道桥梁以行车的方向为前进方向。

(2)桥梁根据前进方向分为左、右幅,左幅构件前缀为"L",右幅构件前缀为"R";对于单幅桥梁,桥梁前进方向,桥梁构件直接描述为左右侧,不加前缀。

(3)桥跨和桥墩台按照前进方向编号,低桩号端的桥台称"0 号台",其余桥墩(台)编号依次递增;0 号台与 1 号墩间的桥跨称 1 号跨,其余桥跨编号依次递增。

(4)对于双幅桥梁,定义桥梁中心线为左右幅的内侧,两侧为外侧;对于单幅桥梁,无内外侧之分,直接描述为左右侧。

4.3.5.2 双幅桥构件编号规则

1)上部结构编号规则

(1)主梁:"左右幅-跨号-顺序号"。顺序号的描述规则为:某跨从左侧到右侧,逐片梁从 1 开始依次递增。如:左幅第 2 跨第 2 片梁表示为"L-2-2#梁"。

(2)铰缝(湿接缝):"左右幅-跨号-顺序号"。顺序号的描述规则为:某跨从左侧到右侧,逐片梁从 1 开始依次递增。如:左幅第 2 跨第 2 片梁与第 3 片梁之间的铰缝表示为"L-2-2#铰缝"。

(3)横隔板:"左右幅-跨号-顺序号-附属码"。顺序号的描述规则为:沿桥梁前进方向逐个编号,编号从 1 开始,依次递增。附属码的用途是区分多片横隔板的横向位置,附属码的编号规则为:横隔板由左侧到右侧逐片编号,编号从 1 开始,依次递增。如:左幅第 2 跨第 2

排1号梁与2号梁之间横系梁表示为“L-2-2-1#横隔板”。

(4)支座:“左右幅-跨号-顺序号-附属码”。顺序号的描述规则为:沿桥梁前进方向逐墩(台)编号,编号从0开始,依次递增。附属码的用途是区分多个支座的横向位置,附属码的编号规则为:由左侧到右侧逐支座编号,编号从1开始,依次递增。如:右幅第2跨1号墩的第2个支座表示为“R-2-1-2#支座”。

(5)主拱圈:“跨号-顺序号”。顺序号的描述规则为:某跨从左侧到右侧,逐个主拱圈从1开始依次递增。如:第1跨第1个主拱圈表示为“1-1#主拱圈”。

(6)腹孔:“墩台号-顺序号”。顺序号的描述规则为:沿桥梁前进方向逐个编号,编号从1开始,依次递增,每个墩台的腹孔顺序号均从1开始。如:1号台由低桩号侧算起的第3个腹孔表示为“1-3#腹孔”。

(7)拱座(腹孔的墩台帽命名为拱座):“墩台号-顺序号”。顺序号的描述规则为:沿桥梁前进方向逐个编号,编号从0开始,依次递增,每个墩台的拱座顺序号均从0开始。如:1号台1号立墙的拱座表示为“1-1#拱座”。

(8)立墙式腹孔墩:“墩台号-顺序号”。顺序号的描述规则为:沿桥梁前进方向逐个编号,编号从0开始,依次递增,每个墩台的腹孔墩顺序号均从0开始。如:0号台第3个腹孔墩表示为“0-3#腹孔墩”。

2)下部结构编号规则

(1)墩台、盖梁:“左右幅-顺序号”。顺序号的描述规则为:沿桥梁前进方向逐墩(台)编号,编号从0开始,依次递增。如:右幅3号台表示为“R-3#台”。

(2)桩柱:“左右幅-顺序号-附属码”。顺序号的描述规则为:沿桥梁前进方向逐墩(台)编号,编号从0开始,依次递增。附属码的用途是区分多根柱的横向位置,附属码的编号规则为:由左侧到右侧逐桩(柱)编号,编号从1开始,依次递增。如:左幅3号台第1根柱表示为“L-3-1#柱”。

(3)锥(护)坡:“左右幅-顺序号”。顺序号的描述规则为:0号台表示为0,n号台表示为n。右幅0号台的锥(护)坡表示为“R-0#台锥(护)坡”。

(4)翼(耳)墙:“左右幅-顺序号”。顺序号的描述规则为:0号台表示为0,n号台表示为n。右幅0号台的翼(耳)墙表示为“R-0#台翼(耳)墙”。

3)桥面系编号规则

(1)伸缩缝:“左右幅-顺序号”。顺序号的编号规则为:按桥梁前进方向,逐条从1开始依次递增。如:右幅第2条伸缩缝表示为“R-2#伸缩缝”。

(2)防撞墙(或护栏):“左右幅-跨号-(内)外侧”。中分带的防撞墙称“内侧防撞墙”,两侧的防撞墙称“外侧防撞墙”。如:右幅第2跨外侧的防撞墙表示为“R-2#跨外侧防撞墙”。

双幅桥编号规则示例见图4.3-35。

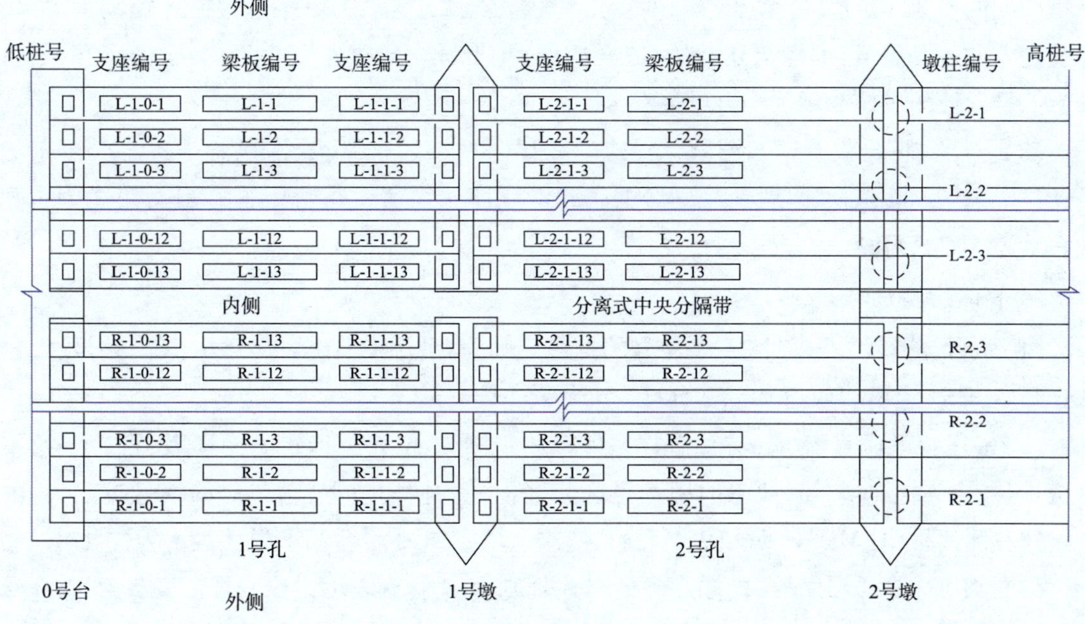

图 4.3-35　双幅桥编号规则示例

4.3.5.3　单幅桥编号规则

1)上部结构编号规则

(1)主梁:“跨号-顺序号”。顺序号的描述规则为:某跨从左侧到右侧,逐片梁从 1 开始依次递增。如:第 2 跨第 2 片梁表示为“2-2#梁”。

(2)铰缝(湿接缝):“跨号-顺序号”。顺序号的描述规则为:某跨从左侧到右侧,逐片梁从 1 开始依次递增。如:第 2 跨第 2 片梁与第 3 片梁之间的铰缝表示为“2-2#铰缝”。

(3)横隔板:“跨号-顺序号-附属码”。顺序号的描述规则为:沿桥梁前进方向逐个编号,编号从 1 开始,依次递增。附属码的用途是区分多片横隔板的横向位置,附属码的编号规则为:由左侧到右侧逐片横隔板编号,编号从 1 开始,依次递增。如:第 2 跨第 2 排 1 号梁与 2 号梁之间横系梁表示为“2-2-1#横隔板”。

(4)支座:“跨号-顺序号-附属码”。顺序号的描述规则为:沿桥梁前进方向逐墩(台)编号,编号从 0 开始,依次递增。附属码的用途是区分多个支座的横向位置,附属码的编号规则为:由左侧到右侧逐支座编号,编号从 1 开始,依次递增。如:第 2 跨 1 号墩的第二个支座表示为“2-1-2#支座”。

(5)主拱圈:“跨号-顺序号”。顺序号的描述规则为:某跨从左侧到右侧,逐个主拱圈从 1 开始依次递增。如:第 1 跨第 1 个主拱圈表示为“1-1#主拱圈”。

(6)腹孔:“墩台号-顺序号”。顺序号的描述规则为:沿桥梁前进方向逐个编号,编号从 1 开始,依次递增,每个墩台的腹孔顺序号均从 1 开始。如:1 号台由低桩号侧算起的第 3 个腹孔表示为“1-3#腹孔”。

(7)拱座(腹孔的墩台帽命名为拱座):“墩台号-顺序号”。顺序号的描述规则为:沿桥梁前进方向逐个编号,编号从0开始,依次递增,每个墩台的拱座顺序号均从0开始。如:1号台1号立墙的拱座表示为“1-1#拱座”。

(8)立墙式腹孔墩:“墩台号-顺序号”。顺序号的描述规则为:沿桥梁前进方向逐个编号,编号从0开始,依次递增,每个墩台的腹孔墩顺序号均从0开始。如:0号台第3个腹孔墩表示为“0-3#腹孔墩”。

2)下部结构编号规则

(1)墩台、盖梁:“顺序号”。顺序号的描述规则为:沿桥梁前进方向逐墩(台)编号,编号从0开始,依次递增。如:3号台表示为“3#台”。

(2)桩柱:“顺序号-附属码”。顺序号的描述规则为:沿桥梁前进方向逐墩(台)编号,编号从0开始,依次递增。附属码的用途是区分多根柱的横向位置,附属码的编号规则为:由左侧到右侧逐桩(柱)编号,编号从1开始,依次递增。如:3号台第1根柱表示为“3-1#柱”。

(3)锥(护)坡:“顺序号”。顺序号的描述规则为:0号台表示为0,n号台表示为n。0号台的锥(护)坡表示为“0#台锥(护)坡”。

(4)翼(耳)墙:“顺序号”。顺序号的描述规则为:0号台表示为0,n号台表示为n。0号台的翼(耳)墙表示为“0#台翼(耳)墙”。

3)桥面系编号规则

(1)伸缩缝:“顺序号”。顺序号的编号规则为:按桥梁前进方向,从1开始,依次递增。如:第2条伸缩缝表示为“2#伸缩缝”。

(2)防撞墙(或护栏):“跨号-(左)右侧”。如:第2跨左侧的防撞墙表示为“2#跨左侧防撞墙”。

单幅桥编号规则示例见图4.3-36。

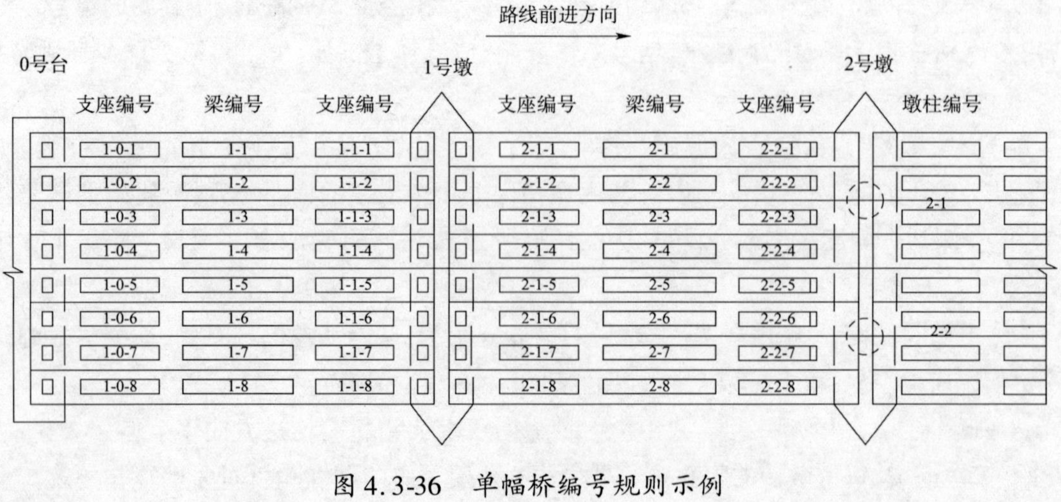

图4.3-36 单幅桥编号规则示例

4.4 桥梁设计荷载等级与相关规定

我国1989年发布了《公路桥涵设计通用规范》(JTJ 021—89)(以下简称“89规范”),2004年、2015年,分别进行了全面的修订,先后有《公路桥涵设计通用规范》(JTG D60—2004)(以下简称“04规范”)、《公路桥涵设计通用规范》(JTG D60—2015)(以下简称“15规范”)。以下对“89规范”“04规范”“15规范”中桥梁设计荷载标准的相关规定进行简要介绍和解释。

4.4.1 “89规范”设计荷载规定

《公路桥涵设计通用规范》(JTJ 021—89)对桥梁设计荷载以汽车车队表示,分为汽车—10级、汽车—15级、汽车—20级和汽车—超20级四个等级,对应的验算荷载分为履带—50、挂车—80、挂车—100和挂车—120。该规范规定,1989年以后新建与改建工程中不再使用汽车—15级和挂车—80两种荷载等级设计桥涵,但在形式上仍予以保留。车队的纵向排列和横向布置应符合图4.4-1~图4.4-3的规定,其主要技术指标按表4.4-1的规定采用。

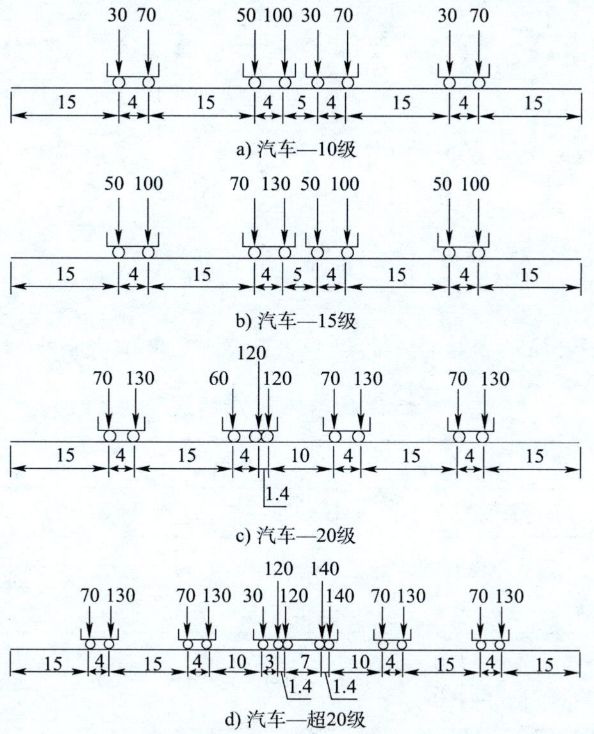

图4.4-1 各级汽车车队的纵向排列(轴重单位:kN。尺寸单位:m)

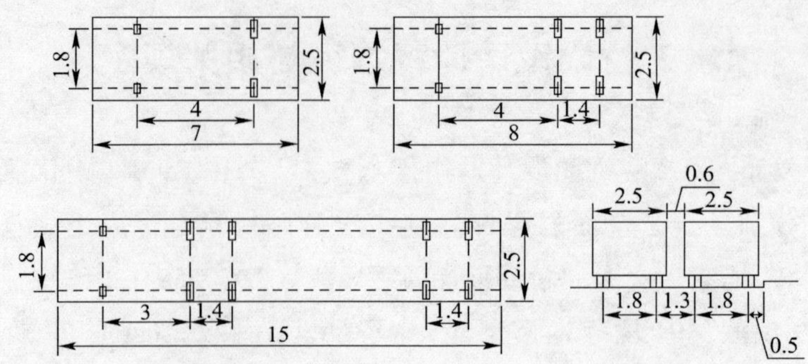

图 4.4-2　各轴距汽车的平面尺寸和平面布置（尺寸单位：m）

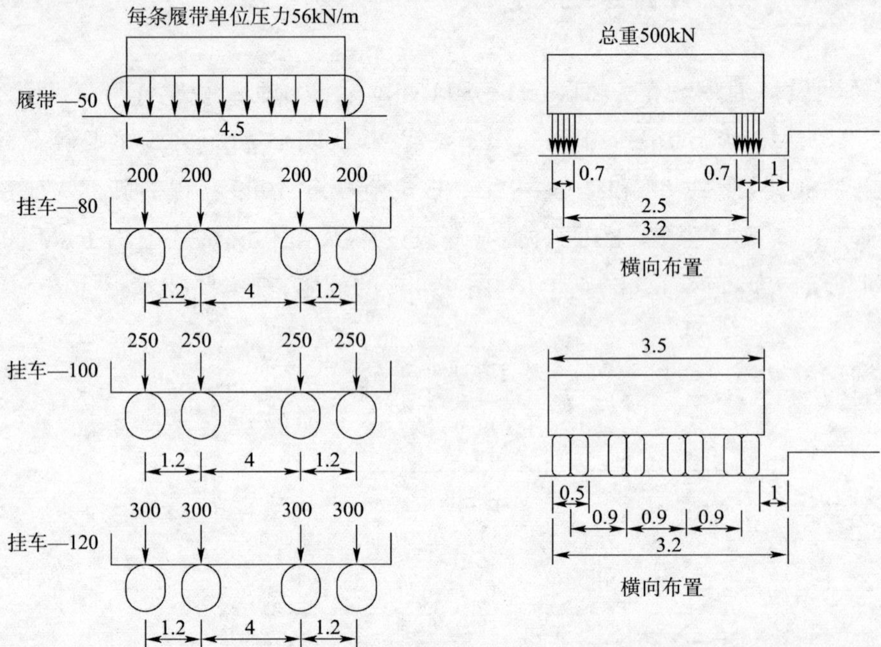

图 4.4-3　平板挂车和履带车的纵向排列（轴重单位：kN。尺寸单位：m）

车辆荷载等级对应情况　　表 4.4-1

公路等级	汽车专用公路			一般公路		
	高速公路	高速公路	一级公路	二级公路	二级公路	三级公路
计算荷载	汽车—超 20 级	汽车—超 20 级 汽车—20 级	汽车—20 级	汽车—20 级	汽车—20 级	汽车—10 级
验算荷载	挂车—120	挂车—120 挂车—100	挂车—100	挂车—100	挂车—100	履带—50

4.4.2 “04 规范”设计荷载规定

《公路桥涵设计通用规范》(JTG D60—2004)中对设计荷载的规定主要如下:

(1)汽车荷载分为公路—Ⅰ级和公路—Ⅱ级两个等级。汽车荷载由车道荷载和车辆荷载组成。车道荷载和车辆荷载作用不得叠加。

(2)车道荷载由均布荷载和集中荷载组成,桥梁结构的整体计算采用车道荷载。

(3)各级公路桥涵设计的汽车荷载等级应符合表 4.4-2 的规定。

车辆荷载等级对应情况　　表 4.4-2

公路等级	高速公路	一级公路	二级公路	三级公路	四级公路
汽车荷载等级	公路—Ⅰ级	公路—Ⅰ级	公路—Ⅱ级	公路—Ⅱ级	公路—Ⅱ级

注:二级公路为干线公路且重型车辆多时,其桥涵的设计可采用公路—Ⅰ级。四级公路重型车辆少时,其桥涵设计所采用的公路—Ⅱ级车道荷载的效应可乘以 0.8 的折减系数,车辆荷载的效应可乘以 0.7 的折减系数。

4.4.2.1 车道荷载

车道荷载的计算图式如图 4.4-4 所示。

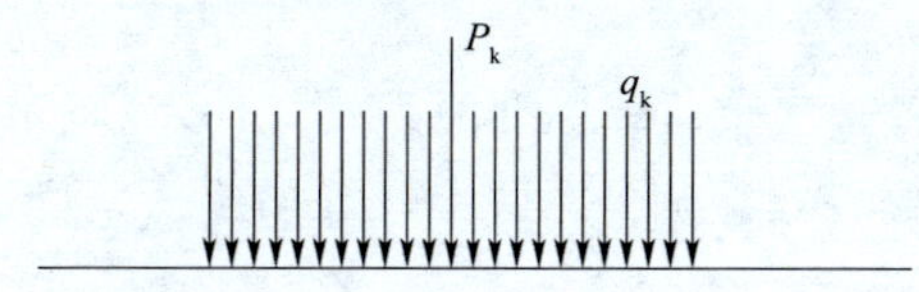

图 4.4-4　车道荷载计算图示

(1)公路—Ⅰ级车道荷载的均布荷载标准值为 $q_k = 10.5$kN/m。

集中荷载标准值 P_k 按以下规定选取:桥梁计算跨径小于或等于 5m 时,$P_k = 180$kN/m;桥梁计算跨径等于或大于 50m 时,$P_k = 360$kN/m;桥梁计算跨径在 5 ~ 50m 之间时,P_k 值采用直线内插求得。计算剪力效应时,上述集中荷载标准值 P_k 应乘以 1.2 的系数。

(2)公路—Ⅱ级车道荷载的均布荷载标准值 q_k 和集中荷载标准值 P_k 按公路—Ⅰ级车道荷载的 0.75 倍采用。

4.4.2.2 车辆荷载

桥梁结构的局部加载、涵洞、桥台和挡土墙土压力等的计算采用车辆荷载。车辆荷载标准值及布置图等相关内容参照“04 规范”。

4.4.3 “15 规范”设计荷载规定

《公路桥涵设计通用规范》(JTG D60—2015)对设计荷载的规定主要如下:

(1)汽车荷载分为公路—Ⅰ级和公路—Ⅱ级两个等级。

(2)汽车荷载由车道荷载和车辆荷载组成。桥梁结构的整体计算采用车道荷载。桥梁结构的局部加载、涵洞、桥台和挡土墙土压力等的计算采用车辆荷载。车道荷载和车辆荷载作用不得叠加。

(3)各级公路桥涵设计的汽车荷载等级应符合表4.4-3的规定。

车辆荷载等级对应情况　　表4.4-3

公路等级	高速公路	一级公路	二级公路	三级公路	四级公路
汽车荷载等级	公路—Ⅰ级	公路—Ⅰ级	公路—Ⅰ级	公路—Ⅱ级	公路—Ⅱ级

注:二级公路作为集散公路且交通量小、重型车辆少时,其桥涵的设计可采用公路—Ⅱ级。对交通组成中重载交通量比重较大的公路桥涵,宜采用与该公路交通组成相适应的汽车荷载模式进行结构整体和局部验算。

4.4.3.1 车道荷载

车道荷载的计算图式如图4.4-5所示。

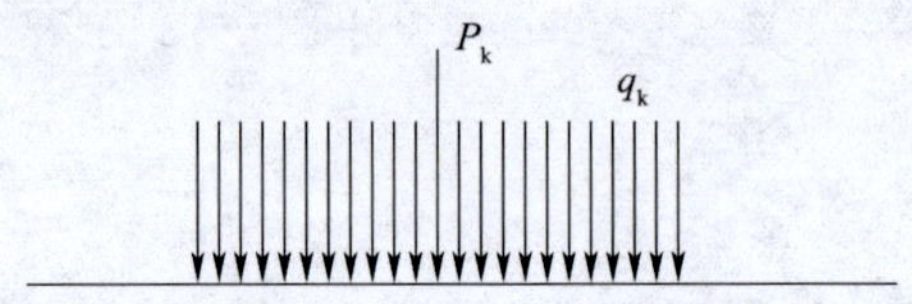

图4.4-5　车道荷载计算图示

(1)公路—Ⅰ级车道荷载的均布荷载标准值为 $q_k = 10.5\text{kN/m}$。

集中荷载标准值 P_k 按表4.4-4规定选取。计算剪力效应时,上述集中荷载标准值 P_k 应乘以1.2的系数。

集中荷载标准值 P_k 取值　　表4.4-4

计算跨径 L_0(m)	$L_0 \leq 5$	$5 < L_0 < 50$	$L_0 \geq 50$
P_k(kN)	270	$2(L_0+130)$	360

注:计算跨径 L_0,设支座的为相邻两支座中心间的水平距离,不设支座的为上、下部结构相交面中心间的水平距离。

(2)公路—Ⅱ级车道荷载的均布荷载标准值 q_k 和集中荷载标准值 P_k 按公路—I级车道荷载的0.75倍采用。

(3)车道荷载的均布荷载标准值应满布于使结构产生最不利效应的同号影响线上;集中荷载标准值只作用于相应影响线中一个影响线峰值处。

4.4.3.2 车辆荷载

桥梁结构的局部加载、涵洞、桥台和挡土墙土压力等的计算采用车辆荷载。车辆荷载标准值及布置图等相关内容参照“15规范”。

4.5　养护工程分类

桥梁养护工程按照养护目的和养护对象,分为预防养护、修复养护、专项养护和应急养护,具体定义与作业内容见表4.5-1。

桥梁养护工程分类　　表4.5-1

工程类别	定义	具体作业内容
预防养护	桥涵有轻微病害但整体性能良好,为延缓其性能衰减、延长使用寿命而采取的防护工程	(1)混凝土构件非结构性裂缝和表观缺损等集中处治,钢筋防锈和防侵蚀等预防处治。 (2)钢构件防腐、防锈和防侵蚀处理等周期性预防处治。 (3)砌体非结构性开裂和砂浆剥落等集中处治。 (4)桥面铺装层轻微病害集中处治。 (5)伸缩装置和支座等构件维护。 (6)构件防水和防渗漏、箱室结构内部通风和除湿等预防处治。 (7)桥涵基础抗冲刷防护工程增设或完善
修复养护	为恢复桥涵技术状况而实施的功能性、结构性修复或更换的工程措施	(1)混凝土构件变形、承载能力不足、结构性裂缝和缺损的修复或更换。 (2)砌体结构变形、结构性开裂和破损等的修复。 (3)钢构件变形、开裂、连接失效和承载能力不足等的修复或更换。 (4)桥面铺装病害处治,附属设施集中修复或更换。 (5)伸缩装置和支座等构件集中更换。 (6)调治构造物和径流系统等的修复或完善。 (7)涵洞修复、加固、增设或接长等
专项养护	为恢复、完善或提升桥涵使用功能而集中实施的增设、加固、改造、拆除重建等工程措施	(1)为提升服务功能的路段或路线交叉改建工程。 (2)为提升结构强度的路面大规模改建或重建工程。 (3)为提升承载能力或抗灾能力等的危旧桥梁改造专项行动。 (4)为提升交通安全保障水平的交通工程及沿线设施完善增设或升级改造等工程。 (5)为提升抗灾能力的地质灾害防治工程。 (6)为恢复公路服务功能的灾后恢复工程。 (7)其他(如"畅安舒美"示范公路创建工程等)
应急养护	突发情况造成公路桥涵损毁、交通中断、产生安全隐患时,实施的应急抢修、保通等工程措施	(1)清理自然灾害及其他突发事件造成的障碍物。 (2)公路突发损毁的抢通、保通和抢修。 (3)可能危及交通安全的重大安全隐患处治

注:表中涵盖各类桥梁养护工程分类,具体需结合辖区内桥梁类型而定。

5 桥梁检查与评定

5.1 总体要求

通过对公路桥梁技术状况的检查与评定,及时发现桥梁潜在的问题和安全隐患;评估桥梁的安全性能和承载能力,确保其能够满足设计要求;为桥梁的日常维护、维修、加固或改造提供科学依据。

5.2 一般规定

5.2.1 养护检查等级

根据《公路桥涵养护规范》(JTG 5120—2021)的规定,公路桥梁养护检查等级分为Ⅰ、Ⅱ、Ⅲ级。桥梁管养部门应明确所辖区域内公路桥梁的养护检查等级,根据等级遵循不同巡检周期和养护技术要求。养护检查分级标准应符合下列规定:

(1)单孔跨径大于150m的特大桥、特别重要桥梁的养护检查等级为Ⅰ级。

(2)单孔跨径小于或等于150m的特大桥、大桥,以及高速公路或一、二级公路上的中桥、小桥的养护检查等级为Ⅱ级。

(3)三、四级公路上的中桥、小桥的养护检查等级为Ⅲ级。

(4)技术状况评定为3类的大、中、小桥应提高一级进行检查。

(5)技术状况评定为4类的桥梁在加固维修前应按Ⅰ级进行检查。

目前,日照市普通国省道公路桥梁单孔跨径均小于150m。

5.2.2 桥梁检查分类

桥梁检查类型分为初始检查、日常巡查、经常检查、定期检查和特殊检查(表5.2-1)。日常巡查、经常检查可由管养单位(公路站)完成,初始检查、定期检查和特殊检查须委托专业检测单位实施。

5.2.3 各类检查频率

各检查类型的检查频率见表5.2-2。

桥梁检查分类　　表 5.2-1

检查类型	定义	目的
初始检查	新建或改建桥梁交付使用后，对桥梁结构及其附属构件的技术状况进行的首次全面检测，其成果是后期桥梁检查和评定工作的基准	初始检查的目的是采集桥梁的基础状态数据，建立桥梁技术档案，作为后期经常检查、定期检查、特殊检查及桥梁评定的基准
日常巡查	对桥面及其以上部分的桥梁构件、结构异常变位和桥梁安全保护区的日常巡视和目测检查	保证桥梁安全畅通，及时发现影响交通安全的隐患、重大易见的结构损伤及现场养护作业安全隐患
经常检查	抵近桥涵结构，采用目测结合辅助工具对桥面系、上部结构、下部结构和附属设施表观状况进行的周期性检查	检查结构物外表可见的病害和缺陷，为小修保养计划提供依据；发现桥梁重要部位是否存在明显损伤
定期检查	对桥涵总体技术状况进行的周期性检查及技术状况评定	进行桥梁的技术状况评定；实地判断缺损原因，确定维修范围及方式；确定下次检查时间
特殊检查	对桥梁承载能力、抗灾能力、耐久性能、水中基础技术状况进行的一项或多项检查与评定，以及对定期检查中难以判明病害成因及程度的桥梁进行的检查	根据经常检查和定期检查的结果，对需要进一步明确损坏原因、缺损程度或使用能力的桥梁，针对病害进行专门的现场试验检测、验算与分析鉴定工作。旨在进一步判定损伤程度，分析损伤发生原因，预测损伤发展趋势

各检查类型检查频率汇总表　　表 5.2-2

<table>
<tr><th>序号</th><th>检查类型</th><th>养护检查等级</th><th>检查频率</th><th>备注</th></tr>
<tr><td>1</td><td>初始检查</td><td>Ⅰ、Ⅱ、Ⅲ级</td><td>新建或改建桥梁应进行初始检查。初始检查宜与交工验收同时进行，最迟不得超过交付使用后1年</td><td>—</td></tr>
<tr><td rowspan="2">2</td><td rowspan="2">日常巡查</td><td>Ⅰ、Ⅱ级</td><td>每天不应少于1次</td><td>(1)对有特殊照明需求的桥梁，应适当开展夜间巡查。
(2)遇地震、地质灾害或极端气象时应增加检查频率</td></tr>
<tr><td>Ⅲ级</td><td>每周不应少于1次</td><td>遇地震、地质灾害或极端气象时应增加检查频率</td></tr>
<tr><td rowspan="3">3</td><td rowspan="3">经常检查</td><td>Ⅰ级</td><td>每月不应少于1次</td><td rowspan="3">(1)在汛期、台风、冰冻等自然灾害频发期，应提高经常检查频率。
(2)养护检查等级为Ⅱ、Ⅲ级的桥梁，在定期检查中发现存在4类构件时，加固处治前应提高经常检查频率。
(3)对支座的经常检查每季度不应少于1次</td></tr>
<tr><td>Ⅱ级</td><td>每两月不应少于1次</td></tr>
<tr><td>Ⅲ级</td><td>每季度不应少于1次</td></tr>
<tr><td rowspan="2">4</td><td rowspan="2">定期检查</td><td>Ⅰ级</td><td>每年不应少于1次</td><td>—</td></tr>
<tr><td>Ⅱ、Ⅲ级</td><td>每3年不应少于1次</td><td>—</td></tr>
</table>

续上表

序号	检查类型	养护检查等级	检查频率	备注
5	特殊检查	Ⅰ、Ⅱ、Ⅲ级	根据备注列明的4种情况及时开展	(1)定期检查中难以判明构件损伤原因及程度的桥梁。 (2)拟通过加固手段提高荷载等级的桥梁。 (3)需要判明水中基础技术状况的桥梁。 (4)遭受洪水、流冰、滑坡、地震、风灾、火灾、撞击,因超重车辆通过或其他异常情况影响造成损伤的桥梁

5.2.4　桥梁评定

(1)桥梁评定包括技术状况评定和适应性评定。

(2)技术状况评定按现行《公路桥梁技术状况评定标准》(JTG/T H21)执行。

(3)适应性评定工作的基础和依据是定期检查、特殊检查。是否需要做适应性评定,根据检查结果和桥梁实际养护需求决定。

5.3　检查内容及方法

5.3.1　初始检查

5.3.1.1　检查目的

初始检查的目的是采集桥梁的基础状态数据,建立桥梁技术档案,作为后期经常检查、定期检查、特殊检查及桥梁评定的基准。通过初始检查,可以确定桥梁各构件的基础技术状况,便于对后期发现的桥梁缺陷和病害做对比分析,确定病害或缺陷成因及发展程度,为进一步开展桥梁养护工作提供依据。

5.3.1.2　检查内容

初始检查是桥梁建成或改造后的首次检查,反映桥梁的初始技术状态,作为日后各项检查与评定的基准,是桥梁养护工作的基础。新建或改建桥梁最迟不得超过交付使用后1年,应进行第一次全面检查。检查内容如下:

(1)测量桥梁长度、桥宽、净空、跨径等;测量主要承重构件尺寸,包括构件的长度与截面尺寸等;测定桥面铺装层厚度及拱上填料厚度等。

(2)测定桥梁材质强度、混凝土结构的钢筋保护层厚度。

(3)养护检查等级为Ⅰ级的桥梁,通过静载试验测试桥梁结构控制截面的应力、应变、挠度等静力参数,计算结构校验系数;通过动载试验测定桥梁结构的自振频率、冲击系数、振型、阻尼比等动力参数。

(4)有水中基础且养护检查等级为Ⅰ、Ⅱ级的桥梁,应进行水下检测。

(5)定期检查需测定的所有项目,针对单孔跨径不小于60m的桥梁设置永久观测点。目前,日照市辖区内国省道公路桥梁无单孔跨径大于或等于60m的桥梁。

(6)当交竣工验收资料中已经包含上述检查项目或参数的实测数据时,可直接引用。

5.3.1.3 检查要点

(1)初始检查内容中包含桥梁总体尺寸、主要承重构件尺寸、材质强度、钢筋保护层厚度等检测内容,在桥梁没有明显腐蚀、锈蚀、损伤或经历改造的情况下,上述参数不会发生能影响结构评定的变化,因此在后期的定期检查和特殊检查中可以直接沿用在初始检查时得到的上述参数数据,避免检查工作的重复,节约养护资源。

(2)水下基础检测需要对基础及河底铺砌的缺损情况进行详细检测,一般通过相关辅助手段(水下摄像机、水下腐蚀电位测量仪等)进行检测,了解构件的损伤、损坏情况;水流速度和能见度符合要求时,也可采用人工潜水检测。

5.3.1.4 检查方法

根据所需测试的定期检查内容、材质强度、水下检测、静载试验、动载试验等检查内容,依据相关规范要求,由专业检测单位执行。

5.3.1.5 检查成果

初始检查后应提交技术状况评定报告。技术状况评定报告应包括下列内容:

(1)桥梁基本状况卡片、桥梁初始检查记录表、桥梁定期检查记录表、桥梁技术状况评定表。

(2)典型缺损和病害的照片、文字说明及缺损分布图,缺损状况的描述应采用专业标准术语,说明缺损的部位、类型、性质、范围、数量和程度等。

(3)3张总体照片。包括桥面正面照片1张,桥梁两侧立面照片各1张。

(4)检查内容成果。

(5)养护建议。

5.3.2 日常巡查

5.3.2.1 巡查目的

日常巡查的目的是及时获知桥梁结构运营是否正常,使桥梁结构在病害初期或突发情况下能得到及时的养护或紧急处治。可由管养单位专业技术人员组织实施。

5.3.2.2 巡查内容

1)桥梁自身情况

(1)桥路连接处是否异常。

(2)桥面铺装、伸缩缝是否有明显破损;伸缩缝位置的桥面系是否存在异常。

(3)栏杆或护栏等有无明显缺损。

(4)标志标牌是否完好。

(5)桥梁线形是否存在明显异常。

(6)桥梁是否存在异常的振动、摆动和声响。

(7)桥梁安全保护区是否存在侵害桥梁安全的情况。

2)桥梁交通安全情况

日常巡查需重点关注的桥梁交通安全状况如下：

(1)交通事故：包括追尾事故，车撞护栏事故等。

(2)火灾：由于车祸或车载物品燃烧导致车辆燃烧。

(3)车载物品抛撒：由于车载物品掉落导致交通受阻。

(4)交通拥堵：由于交通事故或桥面施工导致交通拥堵。

(5)重车上桥：超载车上桥。

(6)非工作人员滞留：非工作人员进入管理区域，可能对桥梁结构产生威胁，或者其行为会影响交通安全。

3)桥梁安全隐患

日常巡查可以发现风险源、了解风险点，进而解除风险，避免安全隐患，这是桥梁主动性养护、预防性养护的重要组成部分。桥梁安全隐患包括如下内容：

(1)桥梁安全保护区存在侵害桥梁安全情况：易燃物堆积可能引发火灾，导致桥梁结构损伤。

(2)桥梁附属设施松动：桥梁附属设施掉落可能引发安全事故或交通事故。在桥梁附属设施有掉落迹象时应及时处理。

(3)桥梁电线裸露：需注意暴露在空气中的电线部分是否存在绝缘皮破损的迹象。

(4)对配电房内的变压器、配电盘及开关工作状态进行经常检查，检查时注意检查由配电盘引出的电线及配件的完好程度及电源、转换器的工作可靠性。

4)桥梁范围内清洁情况

日常巡检需对桥梁范围内的清洁情况进行检查，主要检查部位如下：

(1)桥面及梯道清扫情况：桥面是否存在砂石、大块油污或其他废弃物；清理桥面时应着重注意安全问题及防止影响交通。

(2)伸缩缝清洁情况：伸缩缝橡胶止水带内是否存在砂石或其他废弃物。

(3)排水设施：排水设施是否通畅、进水口是否清洁。

(4)锥坡护坡：是否存在废弃物。

(5)标志标线、轮廓标、航标设施等：是否存在污浊、破损而影响交通安全。

5)桥梁作业情况

日常巡查过程中对桥梁养护作业状况进行监控。重点检查安全设施的摆放情况、桥上作业人员安全装备穿戴情况等。

5.3.2.3 巡查方法

日常巡查可以乘车目测为主,并应做巡检记录,发现明显缺损和异常情况应及时上报。主要采用目测的方法,并辅以常用设备(如望远镜、照相机等常用工具)来进行检查和记录。

对发现影响桥梁行车安全、需要立即处理的情况,在确保工程车和巡视人员自身安全的前提下靠边停车,在采取一定交通安全措施后由巡视人员进行处理或设置警示标志。对无法由巡视人员自行处理的情况,应立即向公路站或向区县中心汇报。

5.3.2.4 巡查人员

根据桥梁数量、养护等级以及巡检任务量等因素合理配置巡检人员,每个巡检小组人员数量应不少于2人,确保巡检工作的全面性和安全性。

巡查人员应具备相应的专业知识和实践经验,熟悉桥梁结构特点、养护要求以及巡检流程。同时,巡查人员应经过专业培训,掌握必要的巡查技能和应急处理能力。

巡查人员应穿戴标准反光背心或反光标志服、安全帽等;巡查车辆应有明显标识,停车时须按照现行《公路养护安全作业规程》(JTG H30)及部、省级相关单位的有关规定摆放安全标志,将发现的异常情况填写入日常巡查记录表。

5.3.2.5 巡查周期

巡查周期应根据桥梁的养护类别、养护等级、技术状况以及季节和天气变化等因素综合考虑。

养护检查等级为Ⅰ级的桥梁,应每日巡查,且有专人负责。

养护检查等级为Ⅱ级的桥梁,应每日巡查,且有专人负责。

5.3.2.6 巡查要点

(1)日常巡查内容主要包括桥面及以上部分的桥梁构件与桥梁结构异常变位情况的目测检查,关注桥梁自身情况的同时应注意桥梁使用环境是否存在异常。

(2)当主梁或下部结构发生异常的横桥向变形或变位时,伸缩缝处的护栏、栏杆、标线等会有明显的错位、错台等情况出现,日常巡查时需要重视。

(3)巡查过程中,巡查人员应认真记录巡查情况,包括发现的问题、处理措施以及建议等。同时,应拍摄照片或视频等影像资料,以便后续分析和处理。

(4)发现设施病害已影响行人及车辆通行安全的,须采取警示围挡措施,消除安全隐患并及时安排维修处置。出现特殊病害情况时,须现场留守看护,并及时上报病害情况,等待应急处置。

(5)巡查结束后,应及时将巡查结果汇总上报给养护中心或公路站。同时,应对巡查工作进行总结和分析,不断完善巡查计划和流程。

5.3.2.7 巡查成果

(1)日常巡查可采用桥梁信息管理系统或人工制定当日巡查桥梁名录及巡查路线。对巡检过程发现的明显缺损和异常，立即向公路站或区县中心报告，必要时采取交通管制措施。

(2)日常巡查的记录表格根据桥梁结构形式、桥位处环境、交通特点等因素具体制定，可参照附录A。日常巡查应在当日进行归档，每月的巡查记录应进行汇总归档，作为经常检查和定期检查的依据。

(3)管养单位桥梁养护工程师负责检查日常巡查记录的规范性及完整性，并对发现的病害和问题提出书面处理意见或建议，如遇严重病害或重大问题应及时上报主管领导及相关部门。

(4)日常巡查记录及相关附件应规范化管理、成册归档。

5.3.3 经常检查

5.3.3.1 检查目的

经常检查是桥梁养护工作的重要环节，其目的是对桥梁运营状态进行全面了解、及时发现现有病害、及时处治严重病害。经常检查是对桥面设施、上部结构、下部结构及附属构造物进行检查，应能发现目视检查可发现的所有病害、应能够覆盖所有构件，对所有发现的病害进行记录及描述。

5.3.3.2 检查内容

结合辖区内桥梁结构类型，梁桥、拱桥的经常检查内容如下：

(1)桥梁结构有无异常的变形和振动及其他异常状况。

(2)外观是否整洁，构件表面是否完好，有无损坏、开裂、剥落、起皮、锈迹等。

(3)混凝土主梁裂缝是否有发展，箱梁内是否有积水。

(4)支座是否有明显缺陷，使用功能是否正常。

(5)桥面铺装是否存在病害。

(6)伸缩缝是否堵塞、卡死，连接部件有无松动、脱落、局部破损。

(7)人行道、路缘石有无破损、剥落、裂缝、缺损和松动。

(8)栏杆、护栏有无破损、缺失、锈蚀、移动或错位。

(9)排水设施有无堵塞和破损。

(10)墩台有无明显的倾斜、损伤、开裂及是否受到车或漂流物等撞击而受损；基础有无冲刷、损坏、悬空；墩台与基础是否受到生物腐蚀。

(11)翼墙(侧墙、耳墙)、锥坡、护坡、调治构造物有无缺损、开裂、沉降和塌陷。

(12)交通信号、标志、标线、照明设施以及桥梁其他附属设施是否完好、正常工作。

(13)永久观测点及标志点是否完好。

5.3.3.3 重点部件与检查要点

1)梁桥重点部件与检查要点

梁桥重点部件与检查要点见表5.3-1。

梁桥重点部件与检查要点 表 5.3-1

重点关注部件	重点关注病害	严重异常描述及其早期特征
预制空心板	(1)空心板裂缝:梁桥底板裂缝(跨中附近底板横向裂缝、底板纵向裂缝)、腹板裂缝(边板跨中附近腹板竖向裂缝、边板支座附近腹板斜向裂缝)。 (2)铰缝处板间错台、铰缝混凝土开裂。 (3)渗水、泛白吸附,混凝土剥落、露筋等	严重异常为:出现单板受力现象,铰缝部分丧失传力功能或全部失效,使得车辆荷载直接由单块空心板梁承担。 其早期特征有: (1)空心板梁底铰缝勾缝处出现泛白吸附或钟乳状悬挂物或勾缝处长期渗水。 (2)板梁底勾缝脱落,相邻板错台严重(非设计构造及施工安装原因)。 (3)重车过桥时,单板明显下挠
预制小箱梁	(1)小箱梁裂缝:腹板和底板纵向裂缝、跨中附近腹板竖向裂缝、跨中附近底板横向裂缝。 (2)湿接缝纵向裂缝。 (3)渗水、泛白吸附,混凝土剥落、露筋、空洞等	严重异常为:出现小箱梁整体滑移、落梁现象。整体性好是预制小箱梁桥体系的优势,但当车辆制动、冲击作用或地震、泥石流等偶然荷载作用使得小箱梁桥整体横向或纵向滑移,产生支座脱空、丧失有效支撑或部分支座失效等情况时,小箱梁桥存在落梁风险,即为小箱梁桥的致命病害。 其早期特征有: (1)一联桥伸缩缝一端挤死,而另一端则拉开较大。 (2)桥梁护栏或栏杆出现较大横向、纵向或竖向变形或错台。 (3)桥面线形异常,出现局部凹陷
现浇板梁桥	(1)现浇板底纵、横向裂缝。 (2)渗水、泛白吸附,混凝土剥落、露筋、空洞等	严重异常为:较宽、较多纵向及横向裂缝,出现承载力不足的情况。部分现浇板可能梁底横向配筋不足,甚至没有横向钢筋或纵向配筋较少,底板出现较多纵向及横向裂缝,且宽度一般较大,则表明板梁承载力严重不足,超载作用下往往会产生板梁断裂等致命事故。 其早期特征有: (1)板梁底面出现纵向裂缝,数量较多,典型裂缝过宽,而且呈规律分布(在横桥向中间位置呈等间距分布)。 (2)板梁底面出现横向裂缝,数量较多,典型裂缝过宽,而且呈规律分布(在纵桥向中间位置呈等间距分布)。 (3)桥面线形异常,出现局部凹陷
整体式现浇箱梁	(1)现浇箱梁裂缝:梁桥底板裂缝(跨中附近底板横向裂缝、底板纵向裂缝)、箱内顶板纵向裂缝、腹板裂缝(跨中附近腹板竖向裂缝、支座附近腹板斜向裂缝)。 (2)跨中下挠过大。	严重异常为:现浇箱梁跨中下挠过大,出现严重开裂。现浇箱梁的裂缝和下挠是典型病害,这两种病害一般会同时出现。当跨中下挠过大,箱梁腹板、底板也会出现严重开裂(裂缝较宽、数量较多),说明桥梁承载力严重不足,超载作用下病害可能继续发展,严重者可能产生桥梁垮塌等。 其早期特征有:

续上表

重点关注部件	重点关注病害	严重异常描述及其早期特征
整体式现浇箱梁	(3)梁体横向变位。 (4)混凝土剥落、露筋,渗水、泛白吸附等	(1)箱梁桥跨中底板出现较多横向裂缝,超宽裂缝数量多、裂缝较深。对于预应力混凝土结构,出现受力裂缝更应高度重视。 (2)箱梁桥腹板内侧或外侧面出现较多斜向或竖向裂缝,超宽裂缝数量多、裂缝较深。对于预应力混凝土结构,出现受力裂缝更应高度重视。 (3)悬浇箱梁桥跨中合龙段结合面出现错台或较宽、较深裂缝。 (4)预应力管道未压浆或压浆不实,预应力钢绞线锈蚀严重,甚至管道内流锈水等。 (5)桥面线形异常,跨中下挠明显,且持续发展

2)拱桥重点部件与检查要点

拱桥重点部件与检查要点见表5.3-2。

拱桥重点部件与检查要点　　表5.3-2

重点关注部件		检查要点	重点关注病害或严重异常
圬工拱桥	石拱圈、拱上建筑、立柱、侧墙、基础	主拱圈异常变形、主拱圈开裂、拱石断裂、脱落、拱圈渗水、拱石风化、砌块灰缝脱落、拱上建筑侧墙与主拱圈脱离、腹拱圈裂缝、立柱或横墙裂缝、侧墙鼓胀、外倾等	严重异常为:基础推移或垮塌,拱顶严重开裂或下挠过大。石拱桥的基础对位移作用较车辆荷载作用更为敏感,桥墩或桥台朝外滑移(即朝背离跨中方向位移,可测量拱桥的净跨径发现基础是否发生位移)会使拱脚背面或拱顶下缘出现较严重开裂。对于石拱桥(与钢筋混凝土拱桥比较)更应引起重视,严重时会导致石拱桥垮塌。 其早期特征有: (1)拱桥拱脚出现水平位移,净跨径变大,且持续发展。 (2)石拱桥的拱顶出现较大下挠,并伴有勾缝开裂,甚至拱顶砌石脱落等。 (3)桥面线形异常,跨中下挠过大,且持续发展。 (4)桥台基础被挖空、洪水掏蚀或护坡垮塌等病害
双曲拱桥	拱圈、立柱、侧墙、基础	主拱圈明显变形、主拱圈环向裂缝、主拱圈径向裂缝、主拱圈拱波顶纵向裂缝、横系梁开裂、拱上建筑侧墙开裂、腹拱圈裂缝、立柱或横墙裂缝、侧墙鼓胀、外倾等	严重异常为:基础滑移、拱顶严重开裂或下挠过大。双曲拱桥的基础位移作用较车辆荷载作用更为敏感,桥墩或桥台朝外滑移(即朝背离跨中方向位移,可测量拱桥的净跨径发现基础是否发生位移),会使拱脚背面或拱顶下缘出现较严重开裂,严重时会导致双曲拱桥垮塌。 其早期特征有: (1)拱桥拱脚出现水平位移,净跨径变大,且持续发展。 (2)拱顶出现较大下挠,并伴有较多、较宽裂缝。 (3)桥面线形异常,跨中下挠明显,且持续发展。 (4)拱腿段拱背出现严重开裂,裂缝宽度超限,沿高度方向发展较高。 (5)桥台基础被挖空、洪水掏蚀或护坡垮塌等病害

续上表

重点关注部件		检查要点	重点关注病害或严重异常
箱形拱桥	主拱圈、立柱、基础	主拱圈下挠过大、拱圈裂缝、拱上立柱裂缝、破损等	严重异常为:基础滑移、拱顶严重开裂或下挠,拱背开裂严重、桥梁振动剧烈。当箱形拱桥在拱背出现严重开裂(裂缝横向贯通,并沿箱拱高度发展较长)时,应予以重点关注。此外,当车辆驶过桥面时,若出现剧烈振动,也需引起相当重视。 其早期特征有: (1)拱桥拱脚出现水平位移,净跨径变大,且持续发展。 (2)拱顶出现较大下挠,并伴有较多、较宽裂缝。 (3)桥面线形异常,跨中下挠明显,且持续发展。 (4)箱形拱拱腿段的拱背截面出现开裂,而且裂缝较宽、较深。 (5)箱形拱拼接处,出现较大开裂变形,甚至脱开现象。 (6)桥梁在行车条件下,出现剧烈振动,车桥耦合振动现象明显。 (7)桥台基础被挖空、洪水掏蚀或护坡垮塌等病害
肋拱桥	主拱圈、拱肋、横系梁、立柱、基础	主拱圈异常变形,拱肋裂缝,横系梁开裂、破损、脱落,拱上立柱开裂、偏位等	严重异常为:基础滑移、拱顶严重开裂或下挠,拱背开裂严重、桥梁振动剧烈。肋拱桥采用多肋组合形成整体,各拱助间的横向连接质量对肋拱桥的承载力影响较大。当肋拱桥横系梁缺失或严重开裂时,应予以重点关注。此外,当车辆驶过桥面时,若出现剧烈振动,也需引起相当重视。 其早期特征有: (1)拱桥拱脚出现水平位移,净跨径变大,且持续发展。 (2)拱顶出现较大下挠,并伴有较多、较宽裂缝。 (3)桥面线形异常,跨中下挠明显,且持续发展。 (4)拱腿段的拱背截面出现开裂,而且裂缝较宽、较深。 (5)肋拱横系梁或横梁出现较大开裂变形甚至脱开现象。 (6)桥梁在行车条件下出现剧烈振动,车桥耦合振动现象明显。 (7)桥台基础被挖空、洪水掏蚀或护坡垮塌等病害

3)支座检查要点

支座检查要点见表5.3-3。

支座检查要点　　表5.3-3

重点关注部件	重点关注病害	严重异常描述及其早期特征
板式橡胶支座	支座整体破坏,胶体老化、开裂,剪切变形过大,脱空,外鼓过大或不均匀,支座位置串动,上下垫板锈蚀、垫石损坏等	严重异常为:支座丢失、严重脱空、整体破坏。当板式橡胶支座丢失,严重脱空或整体破坏时,使桥梁上部结构可能成为不稳定结构,导致桥梁上部出现较大位移、变形,引起结构严重开裂等病害。 其早期特征有: (1)支座丢失。 (2)支座脱空严重或完全脱空、失效。 (3)支座整体破坏,失去功能

续上表

重点关注部件	重点关注病害	严重异常描述及其早期特征
盆式支座	盆式支座组件损坏,位移、转角超限,聚四氟乙烯板磨损等	严重异常为:支座破坏、组件损坏、变形受限。盆式支座组件受损或变形受到限制时,使桥梁上部结构产生附加力,造成桥梁上部出现位移、开裂等病害。 其早期特征有: (1)支座组件损坏,丧失盆式支座的功能;支座破坏,导致梁板支撑失效,使结构出现不稳定状态。 (2)支座不能适应桥梁变形需要,支座破损,导致梁板不能变形,使结构出现较大附加力作用

4)下部结构检查要点

下部结构检查要点见表5.3-4。

下部结构检查要点　　表5.3-4

重点关注部件	重点关注病害	严重异常描述及其早期特征
重力式桥台	桥台变位,台帽及前墙裂缝,侧墙裂缝、外倾,台身砌体勾缝脱落、渗水、泛白吸附等	严重异常为:桥台倾斜,桥台变位、不均匀沉降,桥台出现严重开裂病害。重力式桥台的变位对桥梁上部结构的安全影响较大,重力式桥台倾斜、位移、不均匀沉降等病害,都会使上部结构因附加力导致出现严重病害,严重时会发生桥梁垮塌等灾难性事故。桥台出现严重开裂病害,表明桥梁承载力存在不足,若继续发展,也会导致桥梁出现灾难性事故。 其早期特征有: (1)桥台出现较大倾斜病害,导致桥梁上部结构出现较大斜向位移,桥梁上部结构横向一侧失去支撑或支撑脱空等严重病害,可能导致桥梁出现灾难性事故。 (2)桥台出现较大变位、不均匀沉降,导致桥梁上部结构出现严重开裂、下挠或支撑脱空等严重病害,可能导致桥梁出现灾难性事故。 (3)重力式桥台侧墙出现严重竖向裂缝或前墙出现严重横向裂缝,裂缝很宽(超出规范限值很多)甚至错位,并继续发展,可能导致桥梁出现灾难性事故。 (4)桥台基础因冲刷、洪水或人为原因导致基础掏空、外露
轻型桥台	桥台变位,台身及台帽裂缝,墩柱裂缝等	严重异常为:桥台倾斜,桥台变位、不均匀沉降,桥台出现严重开裂病害。桥台的变位对桥梁上部结构的安全影响较大。轻型桥台倾斜、桥台变位、不均匀沉降等病害,都会使桥梁上部结构因附加力作用出现严重病害,严重时会发生桥梁垮塌等灾难性事故。桥台出现严重开裂病害,表明桥梁承载力存在不足,若继续发展,也会导致桥梁出现灾难性事故。 其早期特征有: (1)桥台出现较大倾斜病害,导致桥梁上部结构出现较大斜向位移,桥梁上部结构横向一侧失去支撑或支撑脱空等严重病害,可能导致桥梁出现灾难性事故。

续上表

重点关注部件	重点关注病害	严重异常描述及其早期特征
轻型桥台	桥台变位，台身及台帽裂缝，墩柱裂缝等	(2)桥台出现较大变位、不均匀沉降，导致桥梁上部结构出现严重开裂、下挠或支撑脱空等严重病害，可能导致桥梁出现灾难性事故。 (3)轻型桥台帽梁出现严重竖向裂缝或台身出现严重横向或竖向裂缝，裂缝很宽(超出规范限值很多)，并继续发展，可能导致桥梁出现灾难性事故。 (4)桥台基础因冲刷、洪水或人为原因导致基础掏空、外露
桥墩	墩柱倾斜变位，墩柱裂缝，盖梁悬臂端部斜向裂缝，盖梁跨中及柱顶部位竖向裂缝，盖梁挡块开裂，混凝土剥落、露筋等	严重异常为：桥墩倾斜，桥墩变位、不均匀沉降，桥墩出现严重开裂病害。桥墩的变位对桥梁上部结构的安全影响较大。桥墩倾斜、变位、不均匀沉降等病害，都会导致桥梁上部结构因附加力导致出现严重病害，严重时会发生桥梁垮塌等灾难性事故。桥墩帽梁或墩柱出现的严重开裂病害表明桥梁承载力存在不足，若继续发展，会导致桥梁出现灾难性事故。 其早期特征有： (1)桥墩出现较大倾斜病害，导致桥梁上部结构出现较大斜向位移，桥梁上部结构横向一侧失去支撑或支撑脱空等严重病害，可能导致桥梁出现灾难性事故。 (2)桥墩出现较大变位、不均匀沉降，导致桥梁上部结构出现严重开裂、下挠或支撑脱空等严重病害，可能导致桥梁出现灾难性事故。 (3)桥墩墩身出现严重竖向或横向开裂病害，且裂缝很宽(超出规范限值很多)并继续发展，可能导致桥梁出现灾难性事故。 (4)桥墩基础因冲刷、洪水或人为原因导致基础掏空、外露
扩大基础	基础掏空，基础混凝土开裂、剥落、露筋等	严重异常为：扩大基础外露、开裂严重甚至破碎。扩大基础是浅基础，当基础完全暴露或暴露较多(遭受人为或水侵蚀)，可导致基础出现严重病害，严重时会发生桥梁垮塌等灾难性事故。当扩大基础出现严重开裂甚至严重破碎时，表明基础承载力不足，严重时会发生桥梁垮塌等灾难性事故。 其早期特征有： (1)扩大基础因冲刷、洪水或人为原因导致基础外露较多。 (2)基础出现严重开裂病害，且裂缝还在继续发展
桩基础	基础不均匀沉降，桩头破损、缩径，冲刷过大，钢筋笼外露，承台混凝土破损等	严重异常为：桩基沉降、严重倾斜，桩头段钢筋外露且锈蚀严重，桩身混凝土压碎。桥梁上部结构对桩基沉降非常敏感，桩基变位、倾斜、不均匀沉降等，都会导致桥梁上部结构因附加力而出现严重病害，严重时会发生桥梁垮塌等灾难性事故。当桩头完全暴露或暴露较多(遭受人为破坏或水冲刷)，可导致桩基承载力降低，严重时会发生桥梁垮塌等灾难性事故。当桩头段混凝土存在压碎病害并继续发展扩大时，表明桩基承载力严重不足，严重时会发生桥梁垮塌等灾难性事故。 其早期特征有： (1)桩基沉降、严重倾斜。 (2)桩基钢筋外露，锈蚀严重。 (3)桩身混凝土压碎。 (4)桩身混凝土出现受力裂缝。 (5)河床冲刷严重，埋入段桩基暴露较多

5.3.3.4 检查方法

经常检查以直接目测为主,对可及结构外表的可见病害和缺陷进行检查,为保养、小修提供依据。

经常检查的检查对象为桥梁上部结构、下部结构、支座、桥面系及附属设施等。主要包括各桥面系伸缩缝装置、主梁、主拱、支座、墩台基础,步行或通过检修平台能接触的桥墩及基础,目测(或借助望远镜)能观测到的梁体结构等设施。

5.3.3.5 检查成果

(1)经常检查中,应如实填写"桥梁经常检查记录表"(附表C),记录所检查项目的缺损类型、估计缺损范围及养护工作量,并提出相应的处治措施,拟定实施计划,组织落实,及时对桥梁进行清洁、保养和小修。

(2)经常检查记录应定期整理归档,并提出评价意见。巡检过程中若发现设施明显损坏、影响车辆和行人安全,应及时采取相应维护措施,并应立即向主管部门报告。

5.3.4 定期检查

5.3.4.1 检查目的

定期检查是为了全面掌握桥梁的技术状况,对桥梁主体结构及其附属构造物的技术状况进行周期性的全面检查,评定桥梁的技术状况等级,为养护决策提供依据。主要目的有:

(1)详细记录结构每个构件存在的缺损类型、尺寸和严重程度等技术状况。

(2)完成桥梁结构构件、部件、部位和桥梁的技术状况评定。

(3)实地判断缺损原因,确定维修范围及方式。

(4)对难以判断损坏原因和程度的部件,提出专项检查的要求。

(5)对损坏严重、危及安全运行的危桥,提出限制交通或改建的建议。

(6)根据桥梁的技术状况,确定下次检查时间。

(7)确定养护需求。

(8)确保桥梁结构满足安全与服务需要。

5.3.4.2 检查单位

本辖区内桥梁的定期检查工作由山东省交通运输事业服务中心统一委托专业单位实施。

5.3.4.3 检查内容及方法

定期检查内容包含外观检查、结构几何形态参数检查、结构材质状况与状态参数检查等,由管养单位委托专业检测单位实施。本手册主要对检查内容及方法进行简要介绍,便于管养单位养护人员了解、掌握。具体内容及方法由检测单位按现行《公路桥涵养护规范》(JTG 5120)、《公路桥梁技术状况评定标准》(JTG/T H21)等规范执行。

1)桥面系检查

桥面系主要检查内容有:

(1)桥面铺装层:纵、横坡是否顺适,有无严重的裂缝(龟裂、纵横裂缝)、坑槽、波浪、桥头跳车、防水层漏水等病害。

(2)伸缩缝:对全桥伸缩缝型号开展专项调查,是否有异常变形、破损、脱落、漏水,是否造成明显的跳车等病害。

(3)人行道构件、栏杆、护栏有无撞坏、断裂、错位、缺件、剥落、锈蚀等病害。

(4)桥面排水:调查排水系统结构形式,排水是否顺畅,泄水管是否完好、畅通,桥头排水沟功能是否完好,是否出现桥梁构件被水侵蚀或浸泡等病害。

(5)锥坡有无冲蚀、塌陷、开裂、破损、不均匀沉降等病害。

(6)桥台搭板是否破坏,桥头是否出现跳车现象。

(7)桥上交通信号、标志、标线、照明设施是否损坏、老化、失效,是否需要更换;照明设施是否完好,能否保证正常照明,结构物内供养护检修的照明系统是否完好;桥上的路用通信、供电线路及设备是否损坏。

(8)检查桥梁铭牌、桥梁信息公示牌设置情况。

桥面系及附属设施外观检查方法见表5.3-5。

桥面系及附属设施外观检查　　表5.3-5

检查部位		检查内容	检查方法
桥面铺装	普通水泥混凝土铺装层	有无磨光、裂缝、破损、坑槽	观察、测量、拍照、记录、统计
	沥青混凝土铺装层	有无泛油、松散、破损、裂缝、车辙	
桥面		纵、横坡是否顺适	测量、拍照、记录、统计
防水层		有无后期渗漏;有无混凝土施工缝渗漏水、裂缝渗漏水;有无变形缝渗漏水	通过检查构造表面的渗水情况判断,观察、拍照、记录、统计
排水设施		桥面排水是否通畅,有无污水漫延,泄水管布置是否恰当,有无破损、脱落、堵塞;引水槽是否破损、堵塞;桥头排水沟功能是否完好	观察、测量、拍照、记录、统计
伸缩缝		有无堵塞、橡胶条损坏、钢板松动或断裂、螺栓松脱、失去伸缩功能、变形异常等现象	
防撞墙及护栏		有无破损、缺失、裂缝、锈蚀等	
桥头搭板引道		有无坑槽、沉降、跳车等现象;引道两边挡土墙有无变形、破坏或缺损	
交通信号、标志、标线、照明设施		是否损坏、老化、失效,是否需要更换	
桥上的路用通信、供电线路及设备		是否完好	

2) 支座检查

主要检查内容有:

(1) 支座组件是否完好、清洁,有无断裂、错位、脱空。

(2) 活动支座是否灵活,实际位移量是否正常,固定支座的锚销是否完好。

(3) 支承垫石是否有裂缝。

(4) 简易支座的油毡是否老化、破裂或失效。

(5) 橡胶支座是否老化、开裂,有无过大的剪切变形或压缩变形,各夹层钢板之间的橡胶层是否均匀。

(6) 四氟板支座是否脏污、老化,四氟乙烯板是否完好,橡胶块是否滑出钢板。

(7) 盆式支座的固定螺栓是否剪断,螺母是否松动,钢盆外露部分是否锈蚀,防尘罩是否完好。

支座检查主要借助检查平台,以目测为主,配备测量工具进行量测(必要时)。检测空间狭小时,可辅以工业内窥镜检查。

3) 混凝土梁桥上部结构检查

主要检查内容有:

(1) 混凝土构件有无开裂及裂缝是否超限,有无渗水、蜂窝、麻面、剥落、掉角、空洞、孔洞、露筋及钢筋锈蚀。

(2) 梁(板)式结构跨中、支点及变截面处,连续刚构桥的固结处,混凝土是否开裂、缺损,钢筋有无锈蚀。

(3) 预应力钢束锚固区段混凝土有无开裂,沿预应力筋的混凝土表面有无纵向裂缝。

(4) 混凝土碳化深度、钢筋锈蚀检测。

(5) 桥面线形及结构变位情况。

(6) 主梁有无积水、渗水,箱梁通风是否良好。

(7) 空心板铰缝是否开裂、破损、脱落,相邻空心板体之间是否出现错动、连接是否可靠,边梁有无横移或向外倾斜。小箱梁湿接缝是否开裂、破损、脱落,相邻梁体之间是否出现错动、连接是否可靠,边梁有无横移或向外倾斜。

(8) 预应力锚头和齿板有无开裂和裂缝,裂缝宽度是否超限,外露钢绞线有无断丝或失效,梁板有无由于预应力损耗造成的严重变形。

对于混凝土构件表观破损、露筋、空洞等,检查时应借助检查通道尽可能靠近结构,采用目测法,辅以常用设备(如直尺、激光测距仪等),依次检查各个结构部位,宜借助智能化检测数据采集系统详细记录破损的位置、面积和深度,对严重破损情况绘制破损图并拍摄照片留下影像资料,分析病害原因。需注意发现异常情况和原有异常情况的发展变化;对有异常情况的结构,应在其适当位置做出标记。

对于混凝土构件裂缝,主要从裂缝的分布部位、裂缝的走向、长度、宽度等几个方面进行检查。可采用卷尺量测裂缝的起止点、转折点位置得到裂缝的长度、走向，并绘制裂缝展示图。裂缝宽度检测常用的仪器有裂缝宽度观测仪、刻度放大镜、裂缝对比卡等。裂缝深度主要采用超声波法探测或直接钻芯法检测。观测裂缝时，一般采用的仪器有裂缝测宽仪、塞尺、手持式读数显微镜（刻度放大镜）、长标距裂缝应变片、千分表引伸仪等。

4）圬工拱桥检查

主要检查内容有：

（1）主拱圈是否变形、开裂、渗水，主拱圈变形程度，拱顶挠度是否超过限值；拱脚是否发生位移，拱脚是否存在水平、竖向位移和转角。

（2）圬工拱桥拱圈的灰缝有无松散、剥离或脱落，砌块有无风化、断裂、压碎、局部掉块、脱落。

（3）空腹拱的腹拱圈有无较大的变形、开裂、错位，立墙或立柱有无倾斜、开裂。

（4）拱的侧墙与主拱圈间有无脱落，侧墙有无鼓凸变形、开裂，实腹拱拱上填料有无沉陷，排水是否正常。

（5）拱桥的横向联结有无变位、开裂、松动、脱落、断裂、钢筋外露、锈蚀等。

检查时应借助检查通道尽可能靠近结构，采用目测法，辅以常用设备（如直尺、激光测距仪等），依次检查各个结构部位，宜借助智能化检测数据采集系统详细记录砌石、灰缝病害位置，分析病害原因。需注意发现异常情况和原有异常情况的发展变化；对有异常情况的结构，应在其适当位置做出标记。

5）钢筋混凝土拱桥（含肋拱、双曲拱、板拱）上部结构检查

主要检查内容有：

（1）主拱圈是否变形、开裂、渗水，拱脚是否发生位移。

（2）钢筋混凝土拱桥的拱圈（片）表观及材质状况检测，参照混凝土梁桥上部结构检查。

（3）行车道板、横梁、纵梁及拱上立柱（墙）、盖梁、垫梁的混凝土有无开裂、剥落、露筋和锈蚀。空腹拱的腹拱圈有无较大的变形、开裂、错位，立墙或立柱有无倾斜、开裂。

（4）拱的侧墙与主拱圈间有无脱落，侧墙有无鼓凸变形、开裂，实腹拱拱上填料有无沉陷，排水是否正常。

（5）拱桥的横向联结有无变位、开裂、松动、脱落、断裂、钢筋外露、锈蚀等。

（6）双曲拱桥拱波与拱肋结合处是否开裂、脱开，拱波之间砂浆有无松散、脱落，拱波是否开裂、渗水等。

对于混凝土构件表观破损、露筋、空洞等，检查时应借助检查通道尽可能靠近结构，采用目测法，辅以常用设备（如直尺、激光测距仪等），依次检查各个结构部位，宜借助智能化检测数据采集系统详细记录破损的位置、面积和深度，对严重破损情况绘制破损图并拍摄照片留下影像资料，分析病害原因。需注意发现异常情况和原有异常情况的发展变化；对有异常情况的结构，应在其适当位置做出标记。

对于混凝土构件裂缝,主要从裂缝的分布部位、裂缝的走向、长度、宽度等几个方面进行检查。可采用卷尺量测裂缝的起止点、转折点位置得到裂缝的长度、走向,并绘制裂缝展示图。裂缝宽度检测常用的仪器有裂缝宽度观测仪、刻度放大镜、裂缝对比卡等。裂缝深度主要采用超声波法探测或直接钻芯法检测。观测裂缝时,一般采用的仪器有裂缝测宽仪、塞尺、手持式读数显微镜(刻度放大镜)、长标距裂缝应变片、千分表引伸仪等。

6)下部结构检查

墩台及基础主要检查内容有:

(1)墩身、台身及基础变位情况。

(2)混凝土墩身、台身、盖梁、台帽及系梁有无开裂、蜂窝、麻面、剥落、露筋、空洞、孔洞、钢筋锈蚀等。

(3)墩台顶面是否清洁,有无杂物堆积,伸缩处是否漏水。

(4)圬工砌体墩身、台身有无砌块破损、剥落、松动、变形、灰缝脱落,砌体泄水孔是否堵塞。

(5)桥台翼墙、侧墙、耳墙有无破损、裂缝、位移、鼓肚、砌体松动。台背填土有无沉降或挤压隆起,排水是否畅通。

(6)基础是否发生冲刷或淘空现象,地基有无侵蚀。水位涨落、干湿交替变化处基础有无冲刷磨损、颈缩、露筋,有无开裂,是否受到腐蚀。

(7)锥坡、护坡有无缺陷、冲刷。

翼墙、耳墙主要检查内容有:

(1)翼墙、耳墙结构(混凝土或砖石)是否存在破损、空洞、孔洞和剥落等现象。

(2)翼墙、耳墙的位移变形情况,是否有下沉、滑动等现象,是否存在填料流失、失去挡土功能等情况。

(3)翼墙、耳墙结构是否存在鼓肚、砌体松动情况。

(4)翼墙、耳墙结构是否存在裂缝、断裂等情况。

河床及调治构造物主要检查内容有:

(1)河床是否被漂浮物堵塞,冲淤或河床变迁情况。

(2)调治构造物是否完好,功能是否得到有效发挥。

5.3.4.4 注意事项

按相关规范要求对桥梁进行几何形态参数检测、桥梁结构材质状况与状态参数检测、结构物外观检查。此外,还需根据实际管养需求,注意以下几点:

(1)根据桥梁建设年限、桥梁水文地质情况、桥梁结构形式及尺寸,结合交通运输部养护管理工作规范,全面、系统、科学、准确地修改、完善公路桥梁基本状况卡片的全部数据。

(2)依据现行《公路桥涵养护规范》(JTG 5120),通过桥梁定期检查,对预制梁桥、连续刚构桥、拱桥等有必要进行水位及冲刷情况观测的桥梁,提出设置水尺或标志的建议。水尺或标志的具体设置工作应由桥梁管养单位委托相关专业单位完成;对应设而未设永久观测点的桥梁,按规定予以补设。

(3)依据掌握及调查的资料,结合桥梁定期检查,评定桥梁技术状况等级,核对桥梁设计荷载标准。

(4)依据交通运输部《关于进一步加强公路桥梁养护管理的若干意见》(交公路发〔2013〕321 号)等文件要求,调查桥梁安全保护区管理情况。

(5)结合桥梁实际情况,依据交通运输部相关规定,对信息公示牌提出修正、完善或补设的建议。

(6)对于检测过程中无法说明病害产生原因或无法确定桥梁技术状况等级及承载能力的桥梁,须进一步上报,经研究后再决定是否实施特殊检查。

5.3.4.5 检查成果

(1)桥梁定期检查数据表。当天检查的桥梁的现场记录,应最晚在次日内整理成每座桥梁定期检查数据表。

(2)定期检查报告。包括如下内容:

①桥梁基本状况卡片(附录 A)、桥梁定期检查记录表(附录 C)、桥梁技术状况评定表。

②典型缺损和病害的照片、文字说明及缺损分布图,缺损状况的描述应采用专业标准术语,说明缺损的部位、类型、性质、范围、数量和程度等。

③ 3 张总体照片。包括桥面正面照片 1 张,桥梁两侧立面照片各 1 张。

④判断病害原因及影响范围,并与历次检查报告进行对比分析,说明病害发展情况。

⑤桥梁的技术状况评定等级。

⑥提出养护建议及下次检查时间。

(3)桥梁技术状况评价结果及统计汇总。

(4)桥梁病害统计汇总。

(5)桥梁典型病害统计汇总。

(6)要求进行特殊检查的构造部件和桥梁的报告,说明检验的项目及理由。

(7)桥梁需限制交通的建议。

(8)其他未尽事宜,参照现行《公路桥涵养护规范》(JTG 5120)等规范规定执行。

5.3.5 特殊检查

5.3.5.1 检测目的

特殊检查是指根据经常检查和定期检查的结果,对桥梁承载能力、抗灾能力、耐久性能进行的一项或多项检查与评定,以及对定期检查中难以判明病害成因及程度的桥梁进行的检查,旨在进一步判定损伤程度,分析损伤发生原因,预测损伤发展趋势。

在以下情况应做特殊检查:

(1)定期检查中难以判明构件损伤原因及程度的桥梁。

(2)拟通过加固手段提高荷载等级的桥梁。

(3)需要判明水中基础技术状况的桥梁。

(4)遭受洪水、流冰、滑坡、地震、风灾、火灾、撞击,因超重车辆通过或其他异常情况影响造成损伤时。

5.3.5.2 检查单位

本辖区内桥梁的特殊检查工作,应委托具有相应资质的专业检测单位。

5.3.5.3 检查内容

1)特殊检查

特殊检查应包括下列一项或多项内容,委托专业单位完成:

(1)材料的物理、化学性能及其退化程度的测试鉴定;结构或构件开裂状态的检测及评定。

(2)结构的强度、刚度和稳定性的检算、试验和鉴定。桥梁承载能力评定宜按现行《公路桥梁承载能力检测评定规程》(JTG/T J21)执行。

(3)桥梁抵抗洪水、流冰、风、地震及其他灾害能力的检测鉴定。

(4)桥梁遭受洪水、流冰、滑坡、地震、风灾、火灾、撞击,因超重车辆通过或其他因素造成损伤的检测鉴定。

(5)水中墩台身、基础缺损情况的检测评定。

(6)对于定期检查中发现的较严重的开裂、变形等病害,应进行跟踪观测,预测其发展趋势。

2)遭受风灾后的检查

遭受风灾后,必须对桥梁各结构进行详细检查,主要检查内容如下:

(1)重点检查桥梁的各支座是否处于正常位置和完好状态。

(2)重点检查主梁关键部位是否有损伤或较大的变形。

(3)仔细观察桥面、伸缩缝、栏杆、护栏等桥面系构件是否完好,是否存在不可恢复的变形。

检查完后应立即对损坏的构件进行维护。若损坏严重,应委托其他养护单位或施工单位进行。每项检查都应详细记录。

3)地震后的检查

地震会导致桥梁大幅度摆动和振动,桥梁的各部位经历强烈的耦合振动过程,常常会使桥梁的某些部位损坏。地震过后需要全面查看桥梁各部位的完好性。检查的主要内容有:

(1)桥面铺装、桥面伸缩缝和支座是否完好。

(2)主梁及其梁段之间的接缝是否完好。

(3)预应力箱梁的连接是否完好。

(4)各支座是否偏离原位或遭到损坏。

(5)桥台、桥墩以及上部预应力混凝土梁状况是否完好并处于设计位置。

(6)防震设施检查:主要针对设置的用于限制主梁位移的纵向约束、桥墩台处设置的防震挡块等。如已破坏,则应及时进行修复或更换。还应检查与联结的梁体结构混凝土是否有损伤;如有严重受损,应对其进行修补加固。

4)超重车辆通过和通过后的检查

超重车辆原则上不允许过桥。在特殊情况下必须过桥时,参照本手册第9章相关内容执行。

在超重车辆过桥中,可对上部结构主梁挠度、桥面线形变化和是否产生裂缝及其开展情况进行跟踪测量或观察,尤其是预应力混凝土桥梁。

超重车辆驶离过桥后,组织养护人员查看桥面、预应力混凝土梁是否产生了可见的裂缝,桥梁线形是否存在异常,伸缩缝有否损坏等。如有异常,应组织实施专项养护。

5)火灾过后的检查

若因行驶在桥上的油车或其他运载易燃物品的车辆发生意外等原因引起火灾,火灾后,须进行仔细检查,查清火灾原因,确定受火灾影响的范围和部位。检查的主要内容有:

(1)火灾影响范围内的桥面铺装是否有严重损坏。

(2)详细检查伸缩缝是否受损,尤其是伸缩缝的橡胶构件。

(3)检查火灾影响范围内的主梁是否完好。

对损伤部位须尽快处理,桥面或主梁若有损坏应及时修补,伸缩缝若有损伤应予以更换或修复。有害化学液体污染桥面时应及时检查处理,以免损坏桥面并对主梁造成腐蚀。

6)大雪过后的检查

重点在关注大雪及冰冻天气下桥面行车安全、车辆堵塞和结构受损情况。

(1)大雪出现前及大雪及冰冻天气中的除雪防滑工作:

①根据天气预报情况,如预报下雪,中心所有人员一律值班待命,所有与除雪防滑有关人员的手机保持24小时畅通。

②监控人员及养护人员密切关注桥面状况,及时汇报桥面积雪结冰情况。

③做好防滑沙的撒布及桥面状况巡检工作,并落实好除雪防滑队伍。除正常的养护员外,配备专门的除雪队伍。

(2)大雪及冰冻天气后的工作:

①清理桥面积雪和冰冻,防止车辆打滑失控情况出现。

②清理主梁、护栏、声屏障等可能出现的冰冻,防止其掉落对行车造成影响。

③对桥面系进行巡检,关注栏杆、护栏可能遭遇的车辆剐擦、碰撞和缺损情况。

④检查桥面线形有无异常,有无异常振动。若存在线形异常或振动异常,须对相应桥联的墩台及基础、支座和主梁开展进一步特殊检查。

5.3.5.4　检查成果

特殊检查后应提交检查报告。特殊检查报告包括下列主要内容:

(1)桥梁基本状况信息。

(2)特殊检查的总体情况概述。包括桥梁的基本情况、检测的组织、时间、背景、目的和工作过程等。

(3)现场调查、检测与试验项目及方法的说明。

(4)详细描述检测部位的损坏程度并分析原因。

(5)桥梁结构特殊检查评定结果。

(6)根据相关规范规定填写"桥梁特殊检查记录表"。

(7)提出结构部件和总体的维修、加固或改建的建议。

5.4　评定方法与养护对策

5.4.1　技术状况评定

5.4.1.1　评定流程

(1)桥梁技术状况评定应依据桥梁初始检查、定期检查资料,通过对桥梁各部件技术状况的综合评定,确定桥梁的技术状况等级,提出养护措施。评定应按现行《公路桥梁技术状况评定标准》(JTG/T H21)执行。

(2)公路桥梁技术状况评定包括桥梁构件、部件、桥面系、上部结构、下部结构和全桥评定。公路桥梁技术状况评定应采用分层综合评定与5类桥梁单项控制指标相结合的方法。分层综合评定方法共分四步:第一步是桥梁各构件评定,第二步是桥梁各部件评定,第三步是桥梁结构(上部结构、下部结构及桥面系)评定,第四步是桥梁总体技术状况评定。

(3)本辖区内桥梁类型以梁桥、拱桥为主。以梁桥上部结构为例,构件包括上部承重构件中的每一片梁体、上部一般构件中的每一个构件(铰缝、湿接缝及横隔板)和每一个支座;在具体评定时,第一步(桥梁各构件评定)是对每一片梁体、每一个上部一般构件和每一个支座进行评定,第二步(桥梁各部件评定)是对所有梁片、所有上部一般构件和所有支座进行评定,第三步(桥梁结构评定)是将上部承重构件、上部一般构件及支座的评分乘以相应权重值后进行累加,第四步(桥梁总体评定)是将上部结构、下部结构及桥面系的评分乘以相应权重后进行累加。分层综合评定法流程如图5.4-1所示。桥梁技术状况评定流程见图5.4-2。

(4)当单个桥梁存在不同结构形式时,可根据结构形式的分布情况划分评定单元,分别对各评定单元进行桥梁技术状况的等级评定。

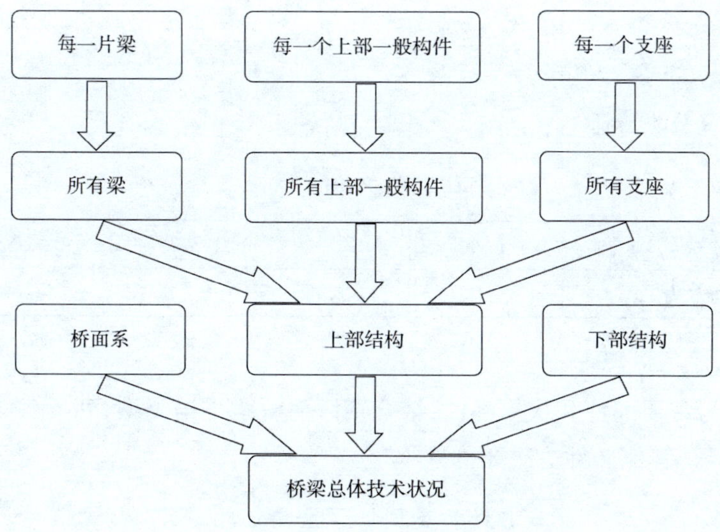

图 5.4-1 分层综合评定法流程图

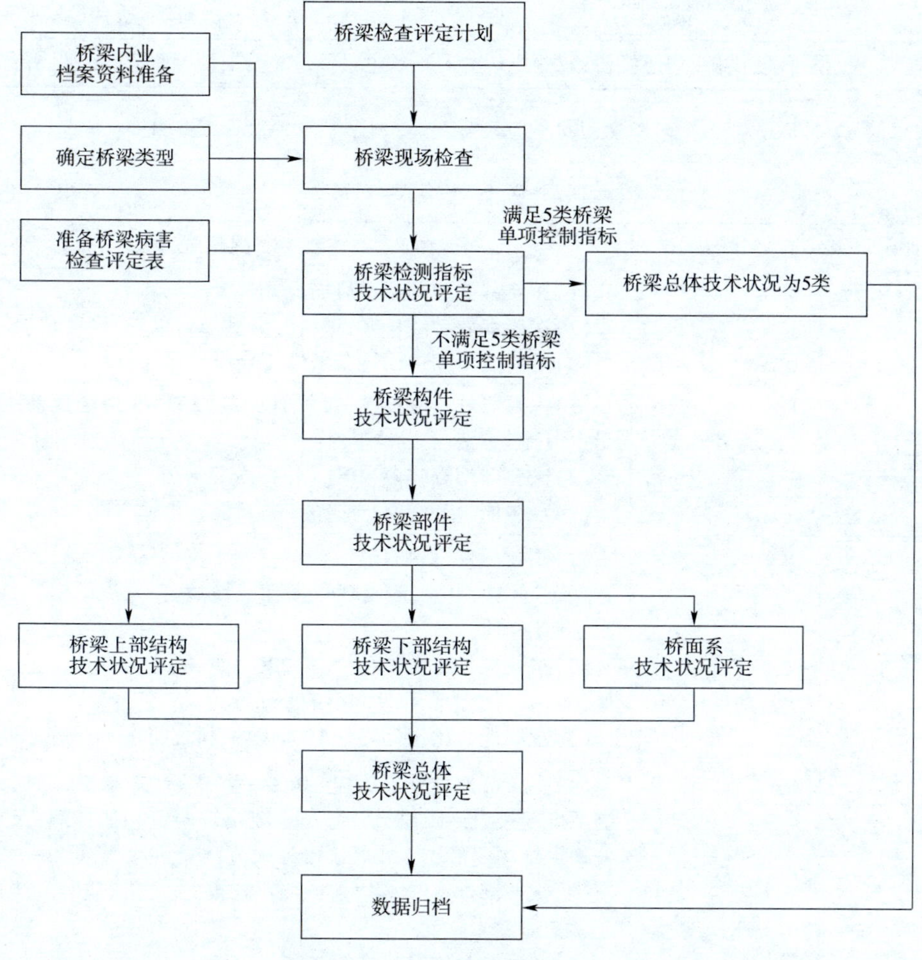

图 5.4-2 桥梁技术状况评定

5.4.1.2 等级分类

1)桥梁技术状况分类界限

桥梁技术状况分类界限宜按表5.4-1规定执行。

桥梁技术状况分类界限表　　表5.4-1

技术状况等级(D_j)	1类	2类	3类	4类	5类
技术状况评分 D_r	[95,100]	[80,95)	[60,80)	[40,60)	[0,40)

2)技术状况评定等级

桥梁部件分为主要部件和次要部件,结合辖区内桥梁结构类型,列出各结构类型桥梁主要部件,见表5.4-2,其他部件为次要部件。

各结构类型桥梁主要部件　　表5.4-2

序号	结构类型	主要部件
1	梁桥	上部承重构件、桥墩、桥台、基础、支座
2	板拱桥、肋拱桥、箱形拱桥、双曲拱桥	主拱圈、拱上结构、桥面系、桥墩、桥台、基础

桥梁总体技术状况评定等级分为1类、2类、3类、4类、5类,见表5.4-3。

桥梁总体技术状况评定等级　　表5.4-3

技术状况评定等级	状态	桥梁技术状况描述
1类	完好、良好	(1)主要部件功能与材料均良好。 (2)次要部件功能良好,材料有少量(3%以内)轻度缺损。 (3)承载能力和桥面行车条件符合设计标准
2类	较好	(1)主要部件功能良好,材料有少量(3%以内)轻度缺损,结构受力裂缝宽度小于设计限值。 (2)次要部件有较多(10%以内)中等缺损。 (3)承载能力和桥面行车条件达到设计指标
3类	较差	(1)主要部件材料有较多(10%以内)中等缺损,结构受力裂缝宽度超过设计限值,或出现轻度功能性病害,发展缓慢,尚能维持正常使用功能。 (2)次要部件有大量(10%～20%)严重缺损,功能降低,进一步恶化将不利于主要部件和影响正常交通。 (3)承载能力比设计降低10%以内,桥面行车不舒适
4类	差	(1)主要部件材料有大量(10%～20%)严重缺损,结构受力裂缝宽度超过设计限值,锈蚀严重,或出现轻度功能性病害,且发展较快。结构变形小于或等于设计限值,功能明显降低。 (2)次要部件有20%以上的严重缺损,失去应有功能,严重影响正常交通。 (3)承载能力比设计降低10%～25%

续上表

技术状况评定等级	状态	桥梁技术状况描述
5类	危险	(1)主要部件出现严重的功能性病害,且有继续扩张现象,关键部位的部分材料强度达到极限,出现部分钢丝或钢筋断裂、混凝土压碎或杆件失稳变形破损现象,变形大于设计限值,结构的强度、刚度、稳定性和动力响应不能达到交通安全通行的要求。 (2)承载能力比设计降低25%以上

桥梁主要部件技术状况评定标度分为1类、2类、3类、4类、5类,见表5.4-4。

桥梁主要部件技术状况评定标度　　表5.4-4

技术状况评定等级	技术状况描述
1类	全新状态,功能完好
2类	功能良好,材料有局部轻度缺损或污染
3类	材料有中等缺损;或出现轻度功能性病害,但是发展缓慢,尚能维持正常使用功能
4类	材料有严重缺损,或出现中等功能性病害,且发展较快;结构变形小于或等于规范值,功能明显降低
5类	材料严重缺损,出现严重的功能性病害,且有继续扩展现象;关键部位的材料强度达到极限,变形大于规范值,结构的强度、刚度、稳定性不能达到安全通行的要求

桥梁次要部件技术状况评定标度分为1类、2类、3类、4类,见表5.4-5。

桥梁次要部件技术状况评定标度　　表5.4-5

技术状况评定等级	桥梁技术状况描述
1类	全新状态,功能完好;或功能良好,材料有局部轻度缺损、污染等
2类	有中等缺损或污染
3类	材料有严重缺损,出现功能降低,进一步恶化将不利于主要部件,影响正常交通
4类	材料有严重缺损,失去应有功能,严重影响正常交通;原无设置,而调查需要补设

5.4.1.3　评定计算

(1)桥梁构件的技术状况评分,按式(5.4-1)计算:

$$\mathrm{PMCI}_L(\mathrm{BMCI}_L \text{ 或 } \mathrm{DMCI}_L) = 100 - \sum_{x=1}^{k} U_x \tag{5.4-1}$$

当 $x=1$ 时,$U_1 = \mathrm{DP}_{i1}$。

当 $x \geqslant 2$ 时,$U_x = \dfrac{\mathrm{DP}_{ij}}{100 \times \sqrt{x}} \times (100 - \sum\limits_{y=1}^{x-1} U_y)$(其中 $j=x$,x 取 $2,3,\cdots,k$)。

当 $k \geqslant 2$ 时,$U_1,\cdots,U_x$ 计算公式中的扣分值 DP_{ij} 按照从大到小的顺序排列。

当 $DP_{ij}=100$ 时，$PMCI_L$（$BMCI_L$ 或 $DMCI_L$）$=0$。

式中：$PMCI_L$——上部结构第 i 类部件 L 构件的得分，值域为 0～100 分；

$BMCI_L$——下部结构第 i 类部件 L 构件的得分，值域为 0～100 分；

$DMCI_L$——桥面系第 i 类部件 L 构件的得分，值域为 0～100 分；

k——第 i 类部件 L 构件出现扣分的指标的种类数；

U、x、y——引入的变量；

i——部件类别，例如 i 表示上部承重构件、支座、桥墩等；

j——第 i 类部件 L 构件的第 j 类检测指标；

DP_{ij}——第 i 类部件 L 构件的第 j 类检测指标的扣分值，根据构件各种检测指标扣分值进行计算，扣分值按表 5.4-6 规定取值。

构件各检测指标扣分值　　表 5.4-6

检测指标所能达到的最高等级类别	指标类别				
	1 类	2 类	3 类	4 类	5 类
3 类	0	20	35	—	—
4 类	0	25	40	50	
5 类	0	35	45	60	100

（2）桥梁部件的技术状况评分：

$$PCCI_i=\overline{PMCI}-(100-PMCI_{min})/t \tag{5.4-2}$$

$$BCCI_i=\overline{BMCI}-(100-BMCI_{min})/t \tag{5.4-3}$$

$$DCCI_i=\overline{DMCI}-(100-DMCI_{min})/t \tag{5.4-4}$$

式中：$PCCI_i$——上部结构第 i 类部件的得分，值域为 0～100 分；当上部结构中的主要部件某一构件评分值 $PCCI_L$ 在[0,40)区间时，其相应的部件评分 $PCCI_i=PMCI_L$；

$\overline{PMCI}$——上部结构第 i 类部件各构件的得分平均值，值域为 0～100 分；

$BCCI_i$——下部结构第 i 类部件的得分，值域为 0～100 分；当上部结构中的主要部件某一构件评分值 $BMCI_L$ 在[0,40)区间时，其相应的部件评分 $BCCI_i=BMCI_L$；

$\overline{BMCI}$——下部结构第 i 类部件各构件的得分平均值，值域为 0～100 分；

$DCCI_i$——桥面系第 i 类部件的得分，值域为 0～100 分；

$\overline{DMCI}$——桥面系第 i 类部件各构件的得分平均值，值域为 0～100 分；

$PMCI_{min}$——上部结构第 i 类部件得分值最低的构件得分值；

$BMCI_{min}$——下部结构第 i 类部件得分值最低的构件得分值；

$DMCI_{min}$——桥面系第 i 类部件得分值最低的构件得分值；

t——随构件的数量而变的系数，见表 5.4-7。

t 值取值表　　表 5.4-7

n(构件数)	t	n(构件数)	t	n(构件数)	t
1	∞	14	7.30	27	5.76
2	10.00	15	7.20	28	5.64
3	9.70	16	7.08	29	5.52
4	9.50	17	6.96	30	5.40
5	9.20	18	6.84	40	4.90
6	8.90	19	6.72	50	4.40
7	8.70	20	6.60	60	4.00
8	8.50	21	6.48	70	3.60
9	8.30	22	6.36	80	3.20
10	8.10	23	6.24	90	2.80
11	7.90	24	6.12	100	2.50
12	7.70	25	6.00	≥200	2.30
13	7.50	26	5.88		

注:1. n 为第 i 类部件的构件总数。

2. 表中未列出的 t 值采用内插法计算。

(3)桥梁上部结构、下部结构、桥面系的技术状况评分:

$$\mathrm{SPCI}(\mathrm{SBCI}\ 或\ \mathrm{SDCI}) = \sum_{i=1}^{m} \mathrm{PCCI}_i(\mathrm{BCCI}_i\ 或\ \mathrm{DCCI}_i) \times W_i \tag{5.4-5}$$

式中:SPCI——桥梁上部结构技术状况评分,值域为 0 ~ 100 分;

SBCI——桥梁下部结构技术状况评分,值域为 0 ~ 100 分;

SDCI——桥梁桥面系技术状况评分,值域为 0 ~ 100 分;

m——上部结构(下部结构或桥面系)的部件种类数;

W_i——第 i 类部件的权重,按《公路桥梁技术状况评定标准》(JTG/T H21—2011)中的规定取值;对于桥梁中未设置的部件,应根据此部件的隶属关系,将其权重值按照各既有部件权重在全部既有部件权重中所占比例进行分配。

(4)桥梁总体技术状况评分:

$$D_r = \mathrm{SDCI} \times W_D + \mathrm{SPCI} \times W_{SP} + \mathrm{SBCI} \times W_{SB} \tag{5.4-6}$$

式中:D_r——桥梁总体技术状况评分,值域为 0 ~ 100 分;

W_D——桥面系在全桥中的权重,按规定取值;

W_{SP}——上部结构在全桥中的权重,按规定取值;

W_{SB}——下部结构在全桥中的权重,按规定取值。

(5)梁桥各部件权重值宜按表5.4-8的规定取值。

梁桥各部件权重值　　表5.4-8

部位	类别	评价部位	权重
上部结构	1	上部承重构件(主梁、挂梁)	0.70
	2	上部一般构件(湿接缝、横隔板等)	0.18
	3	支座	0.12
下部结构	4	翼墙、耳墙	0.02
	5	锥坡、护坡	0.01
	6	桥墩	0.30
	7	桥台	0.30
	8	墩台基础	0.28
	9	河床	0.07
	10	调治构造物	0.02
桥面系	11	桥面铺装	0.40
	12	伸缩缝装置	0.25
	13	人行道	0.10
	14	栏杆、护栏	0.10
	15	排水系统	0.10
	16	照明、标志	0.05

(6)拱桥各部件权重值宜按表5.4-9的规定取值。

板拱桥、肋拱桥、箱形拱桥、双曲拱桥各部件权重值　　表5.4-9

部位	类别	评价部位	权重
上部结构	1	主拱圈	0.70
	2	拱上结构	0.20
	3	桥面板	0.10
下部结构	4	翼墙、耳墙	0.02
	5	锥坡、护坡	0.01
	6	桥墩	0.30
	7	桥台	0.30
	8	墩台基础	0.28
	9	河床	0.07
	10	调治构造物	0.02

续上表

部位	类别	评价部位	权重
桥面系	11	桥面铺装	0.40
	12	伸缩缝装置	0.25
	13	人行道	0.10
	14	栏杆、护栏	0.10
	15	排水系统	0.10
	16	照明、标志	0.05

(7)桥梁结构组成权重值宜按表5.4-10的规定取值。

桥梁结构组成权重值　　表5.4-10

桥梁部位	权重
上部结构	0.4
下部结构	0.4
桥面系	0.2

(8)桥梁技术状况评定中,出现下列任一情况时,桥梁总体技术状况应评为5类:

①上部结构有落梁,或有梁、板断裂现象。

②梁桥上部承重构件控制截面出现全截面开裂;或组合结构上部承重构件结合面开裂贯通,造成截面组合作用严重降低。

③梁桥上部承重构件有严重的异常位移,存在失稳现象。

④结构出现明显的永久变形,变形大于规范值。

⑤关键部位混凝土出现压碎或杆件失稳倾向;或桥面板出现严重塌陷。

⑥拱桥拱脚严重错台、位移,造成拱顶挠度大于限值;或拱圈严重变形。

⑦圬工拱桥拱圈大范围砌体断裂,脱落现象严重。

⑧腹拱、侧墙、立墙或立柱产生破坏,造成桥面板严重塌落。

⑨扩大基础冲刷深度大于设计值,冲击面积大于20%。

⑩桥墩(桥台或基础)不稳定,出现严重滑动、下沉、位移、倾斜等现象。

当上部结构和下部结构技术状况等级为3类、桥面系技术状况等级为4类,且桥梁总体技术状况评分为$40 \leqslant D_r < 60$时,桥梁总体技术状况等级可评为3类。

全桥总体技术状况等级评定时,当主要部件评分达到4类或5类且影响桥梁安全时,可按照桥梁主要部件最差的缺损状况评定。

5.4.2　适应性评定

5.4.2.1　评定内容

桥梁适应性评定可根据需要进行,评定工作可与定期检查、特殊检查结合进行,应委托专业检测单位实施。评定内容主要分为:承载能力评定、通行能力评定、抗灾能力评定、耐久性评定。适应性评定框图如图 5.4-3 所示。

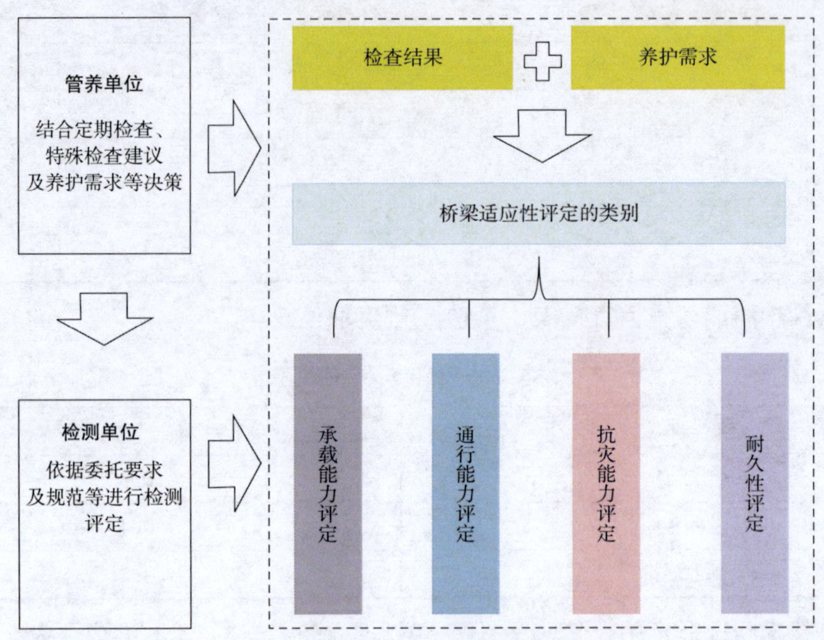

图 5.4-3　适应性评定框图

5.4.2.2　评定方法

1)承载能力评定方法

承载能力评定可采用分析检算或荷载试验方法,分析检算评定按现行《公路桥梁承载能力检测评定规程》(JTG/T J21)执行,荷载试验方法可按现行《公路桥梁荷载试验规程》(JTG/T J21-01)执行。承载能力评定适用范围及典型场景如表 5.4-11 所示。

桥梁承载能力评定适应范围及典型场景　　表 5.4-11

序号	适用范围	典型场景
1	桥梁技术状况等级为 4、5 类的桥梁	桥梁技术状况等级为 4、5 类的桥梁
2	拟提高桥梁荷载等级的桥梁	路线改造,桥梁荷载升级桥梁结构加固
3	需要通过特殊重型车辆的桥梁	大件运输施工、重型车辆通行
4	遭受重大自然灾害或意外事件的桥梁	地震、洪水等,车辆撞击、火烧
5	其他	桥梁增设管线及其他附属物等

2)通行能力评定方法

通行能力评定可将设计通行能力与实际交通量进行比较,也可和使用期预测交通量进行比较,评价桥梁能否满足现行或预期交通量的要求。

3)抗灾能力评定方法

抗灾害能力评定可采用现场测试与分析检算方法,重要桥梁可进行模拟试验。常见灾害的环境模拟试验有桥梁冲刷模型试验及地震、风振模型试验等。

桥梁抗洪能力评定根据桥梁实际状况按需进行。如遇设计洪水或超设计洪水,结合水毁调查,于当年进行一次抗洪能力评定;对经常受洪水威胁的山区公路桥梁,一般每年进行一次抗洪能力评定。

4)耐久性评定方法

耐久性评定可采用外观耐久状态评定与剩余耐久年限评定相结合的方法。

公路桥梁耐久性主要是指公路桥梁对其安全性和适用性等性能的保持能力,这种能力主要体现在抗构件材质劣化、抗环境侵蚀、保护构造和防护措施等方面。

结构构件的耐久性及其病害情况大致分为目视可发现和不能发现两大类。其中,目视可发现的外观耐久状态主要分为两种:一是耐久性病害导致的结构构件外观发生明显可视的变化,二是结构构件的有关初始缺陷或防护措施劣化在结构构件外观的表现。通过外观检查,根据其对耐久性的影响程度和外观劣化程度进行外观耐久状态评定。目视不能发现的是结构构件材质和环境侵蚀的潜在变化,反映了结构构件内在的劣化程度,需要通过检测分析才能得出正确的判断。另外,根据外观耐久状态的劣化发展情况可以进一步判断耐久性主要病害类型和劣化程度,并优化耐久性检测内容与方案。

5.4.3 养护对策

5.4.3.1 依据技术状况评定结果的养护对策

对于技术状况评定结果,对应的养护对策见表5.4-12。

桥梁技术状况等级与养护对策　　表5.4-12

技术状况等级	养护对策
1类	正常保养或预防养护
2类	修复养护、预防养护
3类	修复养护、加固或更换较大缺陷构件;必要时可进行交通管制
4类	修复养护、加固或改造;及时进行交通管制,必要时封闭交通
5类	及时封闭交通,改建或重建

5.4.3.2 依据适应性评定结果的养护对策

对适应性不满足要求的桥梁,应采取提高承载力、加宽、加长、基础防护等改造措施,情况严重时应对桥梁进行改建或重建。当整个路段有多个桥梁的适应性不能满足要求时,应结合路线改造进行方案比较和决策。

6 桥梁典型病害及原因

6.1 日照市普通国省道公路桥梁典型病害类型汇总

根据日照市普通国省道公路桥梁技术状况检测结果，对检测发现的桥梁典型病害进行梳理分类，主要类型汇总见图 6.1-1 ~图 6.1-3。

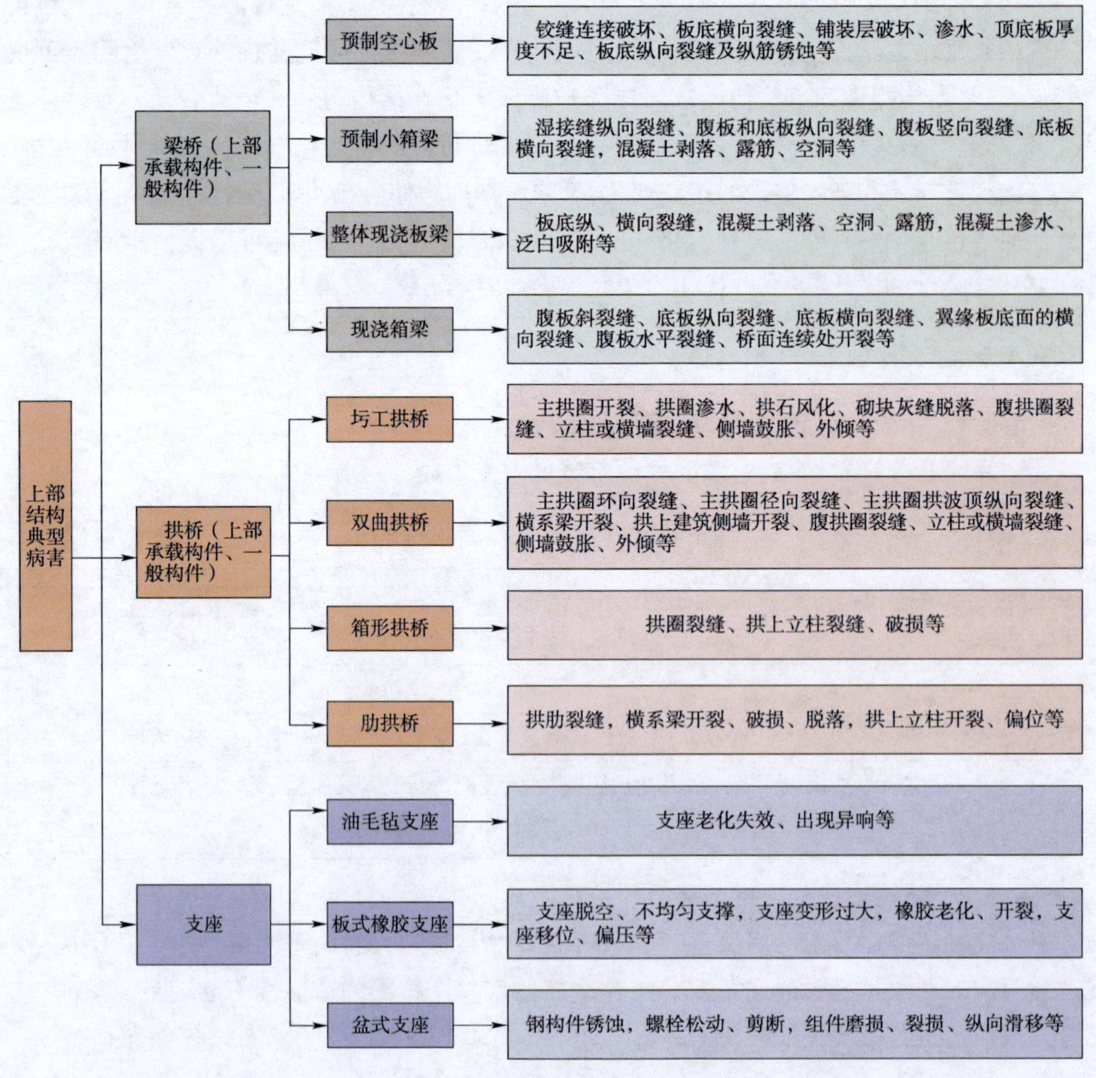

图 6.1-1 上部结构典型病害分类汇总

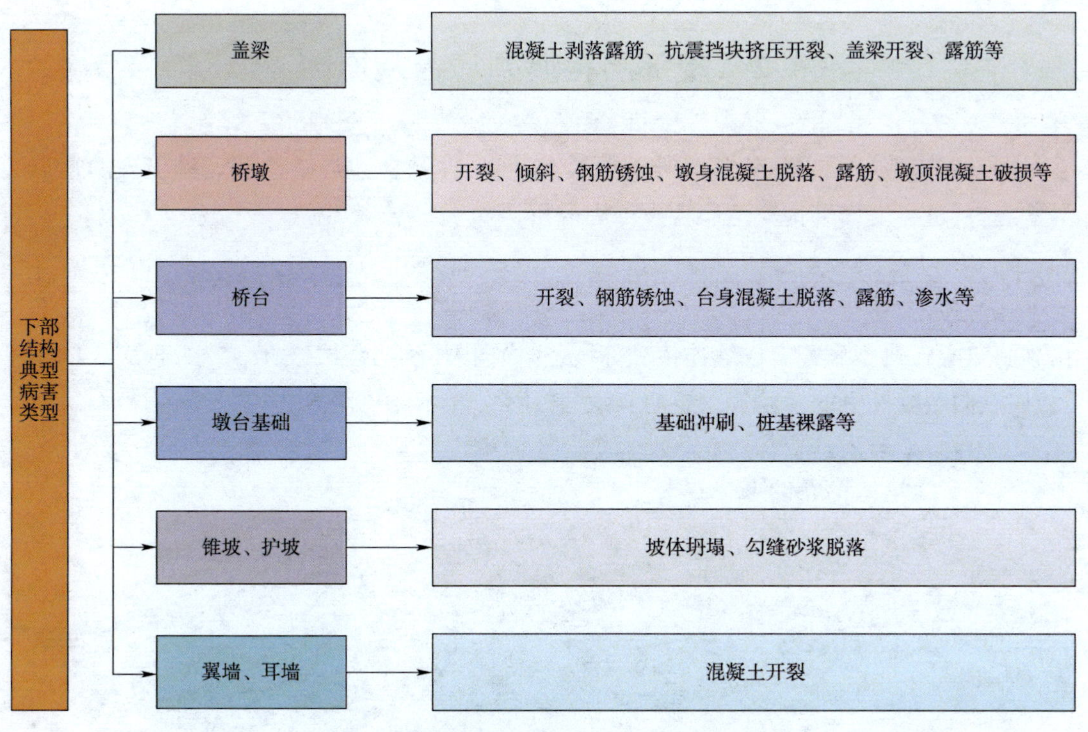

图 6.1-2　下部结构典型病害分类汇总

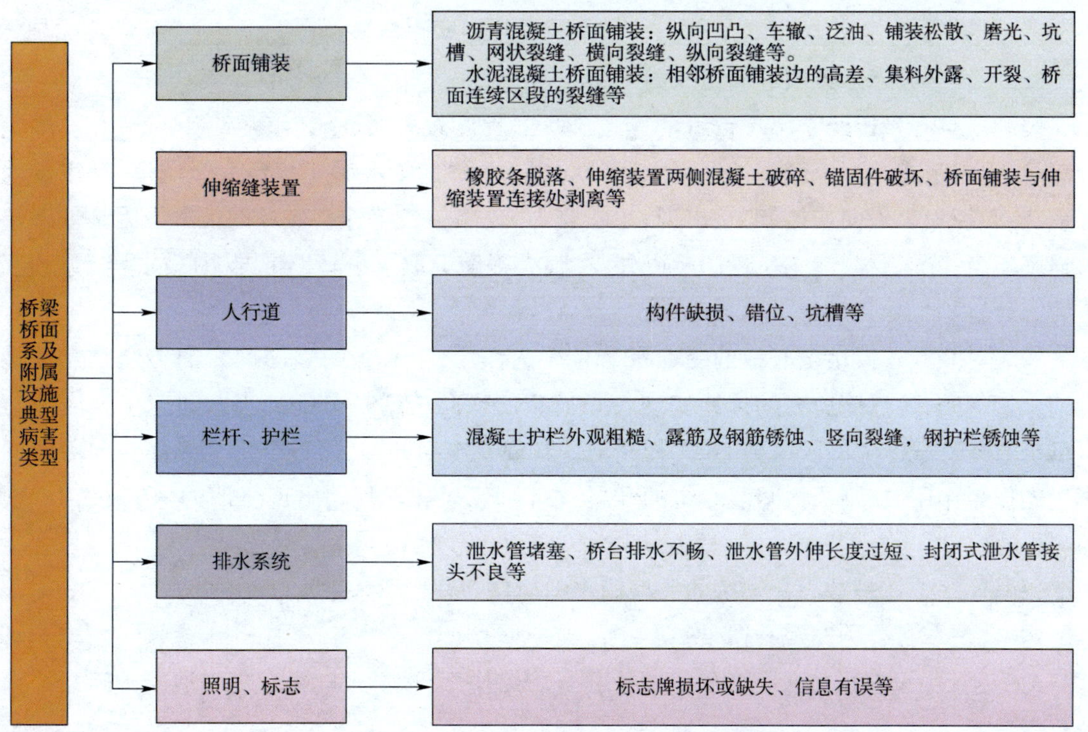

图 6.1-3　桥面系及附属设施典型病害分类汇总

6.2 上部结构典型病害及原因

根据日照市普通国省道公路桥梁历年检查结果,并结合各类结构形式易出现的重点关注异常病害,进行上部结构典型病害及原因分析。

6.2.1 预制空心板典型病害及原因

预制空心板典型病害有铰缝连接破坏、板底横向裂缝、铺装层破坏、渗水、顶底板厚度不足、板底纵向裂缝及纵筋锈蚀等。空心板病害三维分布示意见图6.2-1。

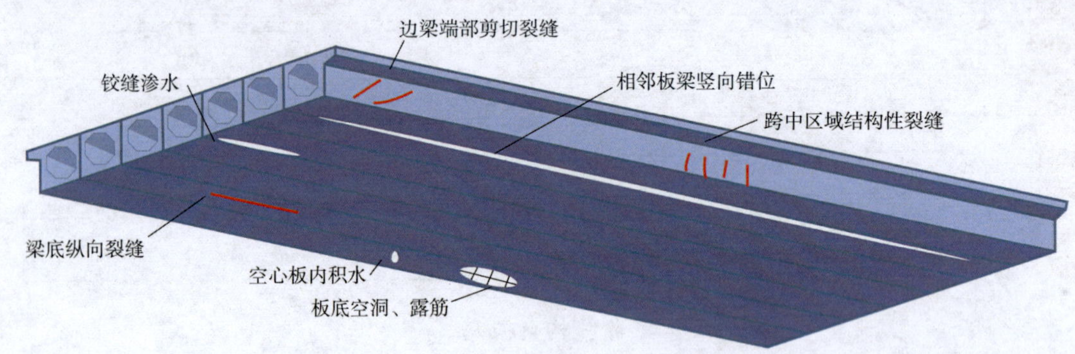

图6.2-1 空心板病害三维分布示意图

6.2.1.1 铰缝连接破坏病害原因

装配式空心板桥经常出现铰缝的连接破坏。程度较轻时,企口缝混凝土与空心板侧壁分离,雨水大量渗透并轻微侵蚀混凝土;程度严重时,铰缝处混凝土已经完全脱落,受水侵蚀严重,空心板失去横向连接能力,出现"单板受力"现象。铰缝连接破坏的根本原因是铰缝抗剪强度不足,除了受混凝土质量影响以外,在很大程度上取决于新旧混凝土间的黏结力和摩阻力。

铰缝对装配式铰接空心板的受力有着重要的作用,空心板间竖向剪力的传递是靠铰接构造来实现的,通过该剪力的传递实现行车荷载的横向传递及分配。当板间连接强度不足以抵抗行车荷载产生的竖向剪力时,板间填缝料混凝土会开裂,而各板由于侧面竖向剪力而产生的扭矩作用,加剧了板间混凝土的开裂,在行车荷载作用下,出现所谓的"单板受力"现象(图6.2-2)。

铰缝连接破坏是空心板梁桥的典型病害,具有非常强的代表性。

空心板"单板受力"病害成因分析:

(1)设计中没有过多考虑铰缝混凝土自身收缩作用,没有足够重视新旧混凝土间黏结力弱化。

(2)铰缝钢筋布置太少,顶板连接钢板抗力不足。

图 6.2-2 单板受力破坏示例

(3)铰缝设计理论不够完善,难以真实体现梁板间实际受力状况。从荷载横向分布理论可知,设计理论是按铰接形式对单个荷载进行横向分配的,实际受力介于铰接与刚接之间,制约因素与铰缝的断面形式和施工质量有关。

(4)铰缝混凝土振捣不密实,黏结强度不够。

(5)空心板预制时两侧未认真凿毛,新旧混凝土之间黏结和抗剪能力较差。

(6)运营中超载车辆过多、吨位过大,致使空心板间铰缝受力过大而产生破损。

(7)桥面裂缝未及时处理,使雨水等侵蚀物进入破损的桥面板,进而进入铰缝,使铰缝混凝土受水侵蚀破坏。

6.2.1.2 板底横向裂缝病害原因

在空心板梁桥的跨中区域,常常由于抗弯承载力不足、抗裂性能不足、预应力张拉不到位或损失过大,在板底出现横向的弯曲裂缝。横向裂缝主要成因是桥梁在汽车荷载及其冲击作用下,板底产生较大的弯曲拉应力,由于混凝土的抗拉强度较低,当板底的弯曲拉应力超过混凝土的极限抗拉强度时,就在桥梁跨中区域底面产生弯曲裂缝(图 6.2-3)。

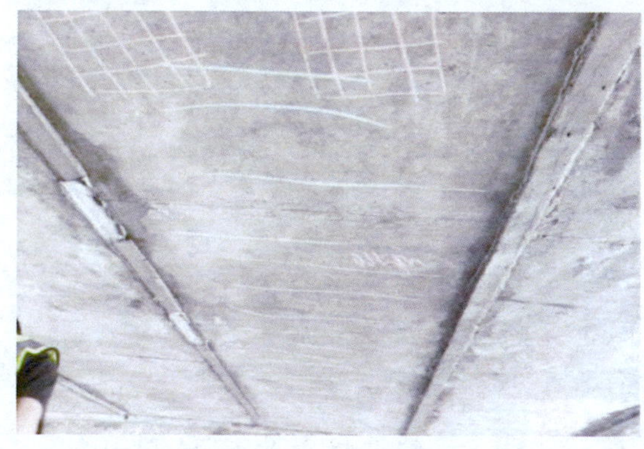

图 6.2-3 底板横向裂缝示例

根据裂缝的深度,分为浅裂缝和贯穿至板内空心孔内部的裂缝两种情况,后者危害大。

空心板顶板的损坏，常常引起空心板内积水、渗水等次生病害，甚至使积水顺着损坏的裂缝渗透到板梁内部，从而导致梁体强度下降，加速板梁钢筋锈蚀，降低结构耐久性。

6.2.1.3 铺装层破坏病害原因

铺装层破坏是指桥面钢筋混凝土铺装层开裂、破碎与塌陷。铺装层破坏是空心板梁桥上部结构典型损坏形式之一，具有普遍性，其表现为桥面纵桥向的裂缝，且纵缝进一步发展、加剧后难以通过桥面修补予以控制或消除。铺装层的开裂主要发生在沿空心板间企口缝向方向，与桥面纵缝的分布规律一致，桥面的纵缝是它的外部表现。

铺装层破坏主要是空心板梁之间的铰缝破坏造成的。空心板梁间沿桥跨方向的铰缝连接破坏，破坏了空心板梁之间的横向整体性，使荷载横向分布的能力削弱，甚至横向连接完全失效。铰缝破坏的同时，在桥面铺装层上沿铰缝方向产生不规则的纵向裂缝(图 6.2-4)，严重时形成一条破碎带，路面下陷，雨、雪、水常通过铺装层及破碎后的铰缝渗入板底，留下明显的渗水痕迹。同时，水分造成空心板钢筋腐蚀，严重影响结构的耐久性。

图 6.2-4　桥面纵向开裂示例

6.2.1.4 支座脱空或破坏病害原因

空心板梁桥装配安装时，在每块空心板底部设置 4 块支座，由于 3 点决定一个平面，很难保证 4 块支座在同一个平面内。由于构件未能在平整的台座上预制，造成梁板底面不平，也可能由于支座垫石高程控制精度差，或者是构件安装时未按要求对所有支座是否均匀受力进行检查，常常出现一个支座脱空，形成“三条腿”受力现象，或者 4 块支座受力不均。

板梁在长期重荷载冲击作用下，将产生扭曲应力，且易造成板梁振动，使空心板梁构件和铰缝的混凝土处于很不利的受力状态，久而久之，铰缝混凝土逐渐破碎脱落，铺装层混凝土也将出现纵向开裂。另外，由于设计不当、超载或支座橡胶层自然老化等问题，空心板梁桥支座也常常出现破坏或损伤、剪切位移过大、老化剥落、丧失承载力或刚度、变形难以满足现行规范要求等问题。

6.2.1.5 板底纵向裂缝及纵筋锈蚀病害原因

板底纵向裂缝主要表现为沿着纵向钢筋(或预应力钢束)的纵向裂缝(图6.2-5),主要原因为:

(1)施工过程中先张法预应力束放张时,钢束的回缩会给混凝土施加强大的预压力,在横向可产生横向劈裂拉应力,如果预应力放张过早,混凝土强度尚低,会产生纵向开裂;另外预应力放张过快,梁体内部应变无法很快地达到平衡,发生应变滞后,导致横向拉应力超限而开裂。

(2)由于梁底混凝土保护层厚度不足或环境条件恶劣而导致开裂,尤其对于预应力空心板,预应力筋与混凝土需要较大的黏结应力,如抗劈裂能力不足,在板中间厚度最薄处易产生裂缝,裂缝的出现会导致水分渗入,引起普通钢筋及预应力钢绞线锈蚀,进而引起周围混凝土胀裂。当混凝土开裂后,这些裂缝加快了钢筋锈蚀的速度,这种恶性循环使得结构裂缝不断地发生扩展,导致混凝土剥落、露筋等严重病害。

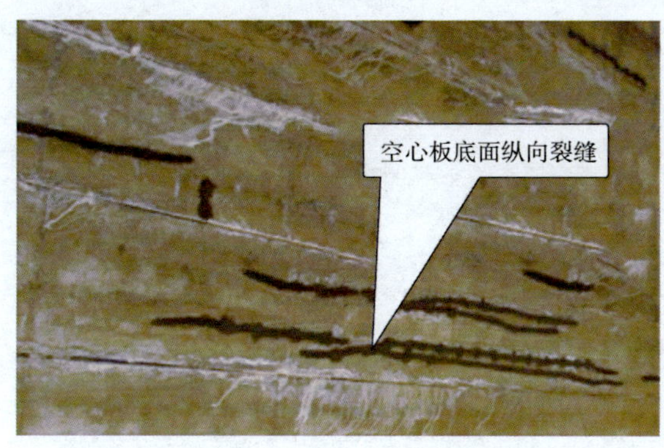

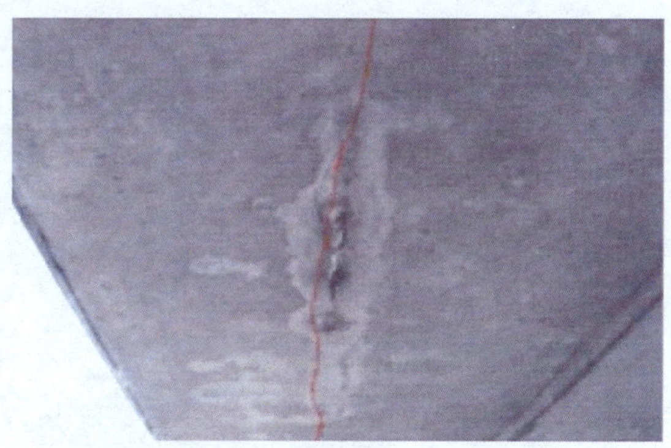

图6.2-5 板底纵向裂缝示例

6.2.1.6 顶底板厚度不足病害原因

空心预制板的芯模固定不牢,混凝土振捣时因挤压力的作用使芯模上浮,造成空心板底面超厚,顶板厚度不足。

6.2.1.7 渗水病害原因

渗水严重时出现空心板腔内积水,主要是由于桥面防水系统不佳或伸缩缝处胶条破损,水渗入空心板内,而空心板并未设置板底泄水孔,腔内积水严重,板底出现水迹甚至钟乳石。此病害严重影响空心板的耐久性,需进行处治和预防。

6.2.2 预制小箱梁典型病害及原因

6.2.2.1 湿接缝纵向裂缝病害原因

主要原因:

(1)车辆长期作用使桥面板的局部受力变大和桥梁结构的整体变形过大。

(2)新旧混凝土的处理不当。

(3)局部接缝处受力过大。

6.2.2.2　腹板和底板纵向裂缝病害原因

主要原因:

(1)底板一般一次浇筑、腹板分次浇筑的施工工艺原因。

(2)施工养护不到位。

(3)截面过渡段受力过大引起开裂。

6.2.2.3　跨中附近腹板竖向裂缝病害原因

主要原因:

(1)施工养生不足,出现收缩裂缝。

(2)混凝土因温差而出现变形裂缝。

6.2.2.4　跨中附近底板横向裂缝病害原因

主要原因:

(1)施工养生不到位,出现收缩裂缝。

(2)弯曲裂缝。

6.2.2.5　混凝土剥落、露筋、空洞等病害原因

主要原因:

(1)施工质量差。

(2)运营期锈胀露筋。

6.2.2.6　重点关注异常病害

针对预制小箱梁,应关注出现是否小箱梁整体滑移、落梁现象。整体性好是预制小箱梁桥体系的优势,但当车辆制动、冲击作用或地震、泥石流等偶然荷载作用使得小箱梁桥整体横向或纵向滑移,产生支座脱空、丧失有效支撑或部分支座失效等情况时,小箱梁桥存在落梁风险,即为小箱梁桥的致命病害。

其早期特征有:

(1)一联桥伸缩缝一端挤死,而另一端则拉开较大。

(2)桥梁护栏或栏杆出现较大横向、纵向或竖向变形或错台。

(3)桥面线形异常,出现局部凹陷。

(4)小箱梁支座脱空,丧失有效支撑。

6.2.3　整体现浇板梁典型病害及原因

现浇板梁桥跨径小,一般均为钢筋混凝土构件,典型病害为梁体裂缝、渗水、泛白吸附、混凝土剥落、露筋等。

6.2.3.1　板底纵、横向裂缝病害原因

主要原因:

(1)整体现浇混凝土板梁施工过程中养护不当导致收缩裂缝(图6.2-6)。

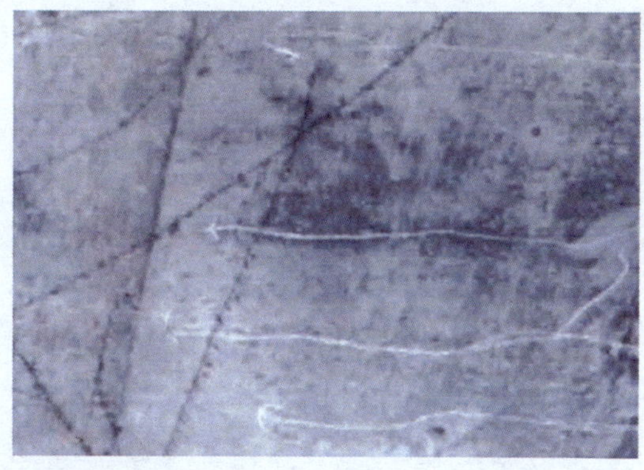

图6.2-6 板底纵、横向裂缝示例

(2)保护层厚度不足,产生顺筋裂缝。

(3)弯曲裂缝。

6.2.3.2 混凝土剥落病害原因

主要原因:

(1)混凝土施工质量较差,保护层不够。

(2)钢筋锈蚀造成混凝土剥落。

6.2.3.3 空洞、露筋病害原因

主要原因:

(1)混凝土保护层厚度不足。

(2)施工中钢筋定位偏差或钢筋被移位。典型示例见图6.2-7。

图6.2-7 空洞、露筋示例

6.2.3.4 混凝土渗水、泛白吸附病害原因

主要原因:

(1)接缝处不密实,存在缝隙,长期渗水引起钙化吸附。

(2)桥面破损,雨水顺桥面裂缝下渗,如现浇板出现开裂现象、雨水沿裂缝析出等。

6.2.4 现浇箱梁典型病害及原因

现浇箱梁可分为连续箱梁桥和连续刚构桥两大类。

6.2.4.1 连续箱梁桥典型病害及原因

连续箱梁桥典型病害为裂缝。连续箱梁桥病害三维分布示意见图6.2-8。

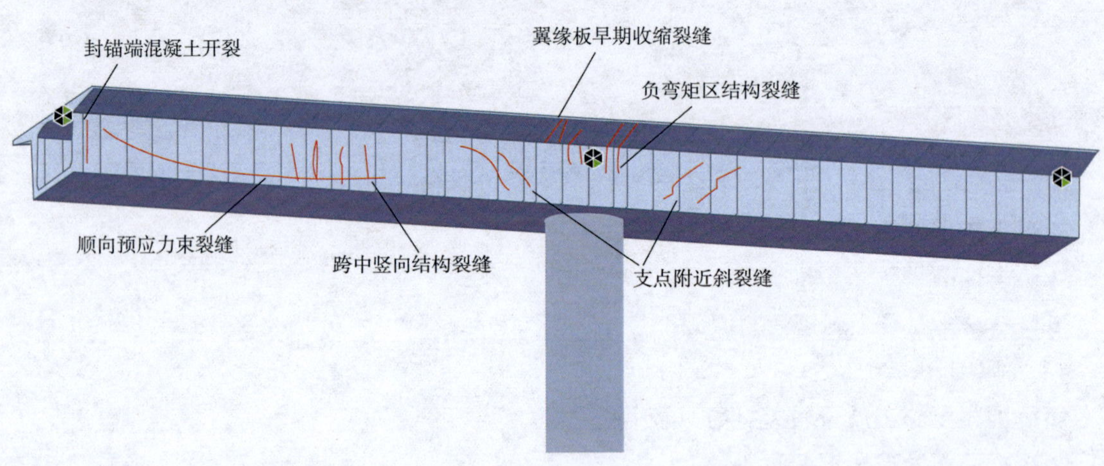

图6.2-8 连续箱梁桥病害三维分布示意图

根据裂缝发生的原因和位置的不同,主要可以分为腹板斜裂缝、底板纵向裂缝、底板横向裂缝、翼缘板底面横向裂缝、腹板水平裂缝、桥面连续处开裂。

1)腹板斜裂缝病害原因

表现特征:出现在支座附近,裂缝与水平线呈30°~60°。

主要原因:腹板最大主拉应力超过混凝土抗拉强度或斜截面抗剪强度不足。原因可能有:计算模型与结构实际状态相差较大,如温度模式、横向车队布置和纵向双向受力耦合影响等;竖向预应力损失较大;弯起钢筋和分布箍筋布置不合理;腹板厚度不足;中墩沉降引起端部附加内力,造成剪切开裂。

2)底板纵向裂缝病害原因

表现特征:通常主要分布在底板底面中间区域,沿横断面方向呈跨中密、粗而长,两侧相对较疏、细而短(图6.2-9)。

主要原因:

(1)底板跨中抵抗弯矩不足,原因通常有预应力钢束曲线径向力、预应力钢束在转折角处产生的集中力的合力、横向温度应力、横向筋不足、截面尺寸不合理等。

(2)预应力管道在混凝土浇筑过程中易产生变形,导致预应力沿孔道方向形成上下或左右的径向分力,形成沿底板混凝土下表面的纵向裂缝。

图 6.2-9　底板纵向裂缝示例

(3)由钢筋和混凝土的黏结机理分析可得出：如果钢筋外围混凝土较薄(如保护层厚度不足或钢筋间距较小)时，钢筋外围的混凝土在环向拉应力的影响下，形成径向裂缝，径向裂缝很容易发展到混凝土表面形成沿纵向钢筋的裂缝。

3)底板横向裂缝病害原因

表现特征：通常分布在跨中或 1/4 跨位置附近，沿横截面方向发展(图 6.2-10)。

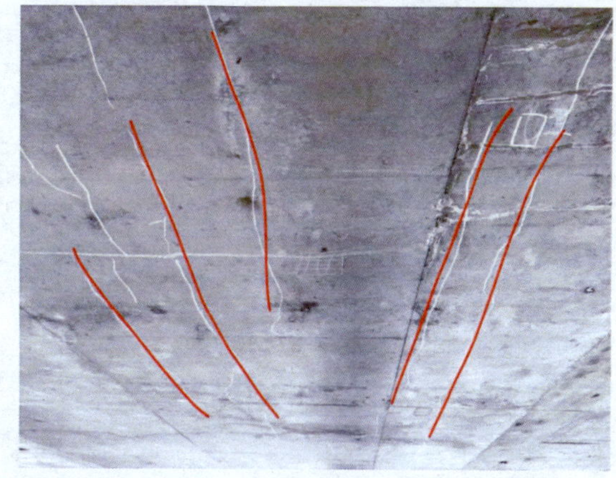

图 6.2-10　底板横向裂缝

主要原因：

(1)徐变等造成预应力损失，导致有效预应力减小。

(2)超载车辆作用导致开裂。

4)翼缘板底面横向裂缝病害原因

表现特征：主要出现在负弯矩较大的墩顶至 1/3 跨区域的翼缘板底面，少数在跨中的翼缘板底面，越靠近支点截面越密；呈横桥向发展，基本与箱梁中心线垂直(图 6.2-11)。

主要原因：翼缘板截面抵抗弯矩不足。原因可能有：翼板纵向预应力计算偏于不安全；未考虑剪力滞作用；此裂缝通常分布在支座至 1/3 跨径范围内，越靠近支点的截面越严重，裂缝均从翼缘板下缘开始出现；外荷载偏大；温度变形、混凝土收缩和不均匀沉降。

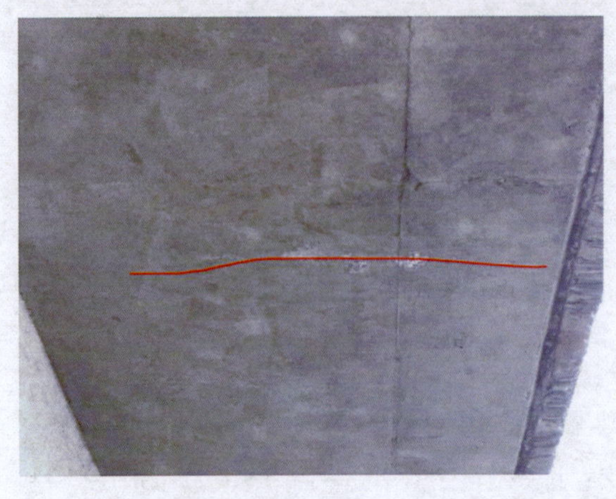

图 6.2-11　翼缘板横向裂缝示例

5)腹板水平裂缝病害原因

表现特征:常常出现在合龙段的腹板位置。

主要原因:

(1)温度原因造成,如桥面较宽时,顶板受阳光照射而温度较高,出现纵向变形的同时会出现横向变形,由于跨中腹板高度不足,顶板横向变形导致跨中腹板承受较大的侧向挤推力,腹板出现纵向水平裂缝。

(2)顶板承受车轮荷载,造成腹板出现外倾趋势,在腹板产生弯矩导致开裂。

6)桥面连续处开裂病害原因

表现特征:

主要出现墩顶负弯矩区桥面铺装横向开裂,严重者贯穿桥面板,桥面水已经渗至桥墩梁顶;而负弯矩结构开裂,墩顶连续部分失效,使主梁不能按原设计的连续梁模式传递弯矩,桥梁受力模式发生变化,桥梁由连续结构趋近于简支结构,边跨、中跨实际弯矩均较原设计预期有所增大,致使主梁产生明显的受力裂缝。

主要原因:墩顶截面抵抗弯矩不足。原因可能有:早期设计的此类箱梁,未设置顶板连续钢束,仅靠普通钢筋实现桥面连续;普通钢筋布置偏少,直径偏小;顶板预应力短钢束预应力损失偏大;桥墩可能存在不均匀沉降。

6.2.4.2　连续刚构桥典型病害及原因

随着连续刚构桥跨度增大、运营时间增加,连续刚构桥出现了不同程度的病害情况,集中体现在腹板斜裂缝、顶底板纵向裂缝、底板横向裂缝以及主跨持续下挠。

1)主梁下挠病害原因

跨中持续下挠问题是一个十分复杂的问题,影响因素较多,国内工程界已做过大量的分析研究工作。根据连续刚构桥结构受力特性,主梁产生持续下挠的影响因素有:混凝土徐变影响、纵向预应力设置欠妥、预拱度设置欠妥、梁体刚度不足、梁体开裂、片面强调缩短工期、施工因素导致预应力损失过大、运营活载影响(图6.2-12)。

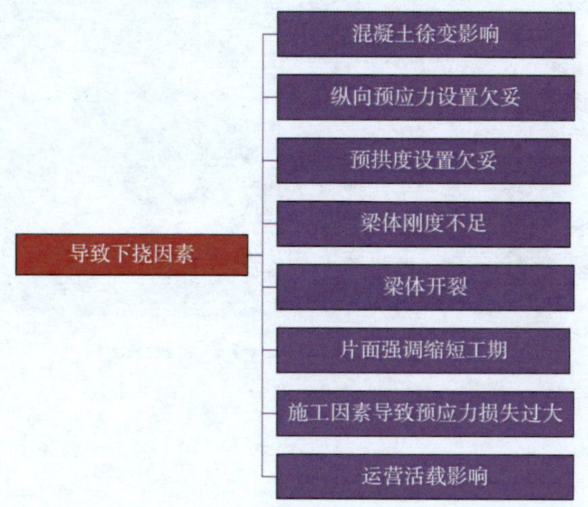

图6.2-12　连续刚构桥下挠影响因素框图

2)主梁裂缝病害原因

箱梁腹板裂缝分为受力裂缝和非受力裂缝两类。

箱梁腹板非受力裂缝产生的原因:混凝土收缩和徐变、混凝土性能不稳定、施工质量等。箱梁腹板受力裂缝只在混凝土承受的拉应力大于混凝土容许拉应力时才会发生,其主要原因有竖向预应力有效性降低、纵向预应力有效性降低使截面正应力发生变化以及腹板厚度过大的负误差、纵向预应力筋齿板锚后局部拉应力过大和混凝土强度不足等。

箱梁顶底板纵向裂缝产生的原因:

(1)施工时,大吨位纵向预应力将引起横向变形,而横向预应力束的张拉是在纵向预应力张拉完成且挂篮前移后进行的。

(2)顶板横向跨度大,横向预应力管道削弱顶板截面,活载作用以及混凝土收缩徐变使顶板底部开裂。

6.2.5　拱桥典型病害及原因

6.2.5.1　圬工拱桥典型病害及原因

圬工桥的典型病害为主拱圈异常变形(图6.2-13)、主拱圈开裂、拱石断裂和脱落、拱圈渗水、拱石风化、砌块灰缝脱落、拱上建筑侧墙与主拱圈脱离、腹拱圈裂缝、立柱或横墙裂缝、侧墙鼓胀、外倾等。

1)主拱圈异常变形病害原因

主要原因:

(1)卸落拱架后,因砂浆不饱满或强度偏低,短期内砂浆层发生破碎,造成主拱圈永久性变形。

图 6.2-13　主拱圈异常变形示例

(2)超载车辆作用。

(3)拱脚变位,拱顶下沉。

2)主拱圈横向裂缝病害原因

该类裂缝产生的位置主要位于拱顶截面附近,除受轴力外还有较大弯矩,弯拉作用易产生横向裂缝。

主要原因:

(1)主拱圈厚度太薄、材料强度不够、墩台基础等产生位移、拱圈受力不对称、施工质量差等原因。

(2)超载车辆荷载作用,拱圈产生偏心受拉,造成主拱圈拉裂等。

3)主拱圈纵向裂缝病害原因

主要原因:

(1)桥墩台基础产生不均匀沉降。

(2)拱上填筑和活载对拱墙产生横向推力。

(3)超载车辆荷载作用,拱圈产生偏心受拉,造成主拱圈拉裂。

4)拱石断裂和脱落病害原因

主要原因:

(1)拱顶填料设计厚度不够。

(2)勾缝砂浆不饱满或脱落。

(3)超限车辆荷载对拱圈的冲击作用。

5)拱圈渗水病害原因

主要原因:

(1)桥面排水系统设置不合理,雨水顺排水管渗流到拱圈上。

(2)桥面防水较差、排水不畅,而拱上建筑填料不密实,桥面积水顺拱上填料渗出。

6)拱石风化病害原因

主要原因：

(1)空气污染严重,各种有害气体、污水长期侵蚀、腐蚀拱石。

(2)桥龄较长,石料自然风化。

7)砌块灰缝脱落病害原因

主要原因：

(1)砂浆等砌筑材料强度和密实度低。

(2)雨水作用导致砂浆等砌筑材料脱落。

8)拱上建筑侧墙与主拱圈脱离病害原因

主要原因：

(1)墩台基础之间的不均匀沉降和水平位移过大。

(2)砌筑施工方法不合理。

(3)砌筑砂浆质量不良。

9)腹拱圈裂缝病害原因

主要原因：

(1)腹拱圈两拱脚变形不协调,腹拱圈出现纵向裂缝。

(2)腹拱圈预制存在分块缝,即砌筑结构的砌筑缝,结构整体性差,重车作用下引起开裂。

(3)构造原因,如未设变形缝引起开裂等。

10)立柱或横墙裂缝病害原因

主要原因：

(1)各排横墙和立柱的抗推刚度不协调、相差较大,荷载长期作用下产生裂缝。

(2)主拱圈下挠,产生裂缝。

11)侧墙鼓胀、外倾病害原因

主要原因：

(1)侧墙过高、填料进水、体积膨胀、土压力增大。

(2)砌筑施工问题等。

12)重点关注异常病害——基础推移或垮塌,拱顶严重开裂或下挠过大

石拱桥对基础位移作用较车辆荷载作用更为敏感,桥墩或桥台朝外滑移(即朝背离跨中方向位移,可测量拱桥的净跨径发现基础是否发生位移)会使拱脚背面或拱顶下缘出现较严重开裂,对于石拱桥(与钢筋混凝土拱桥比较)更应引起重视,严重时会导致石拱桥垮塌。

其早期特征有：

(1)拱桥拱脚出现水平位移,净跨径变大,且持续发展。

(2)石拱桥的拱顶出现较大下挠,并伴有勾缝开裂甚至拱顶砌石脱落等。

(3)桥面线形异常,跨中下挠过大且持续发展。

(4)桥台基础被挖空、洪水掏蚀或护坡垮塌等病害。

6.2.5.2 双曲拱桥典型病害及原因

双曲拱桥的典型病害为主拱圈异常变形、主拱圈径向裂缝、主拱圈纵向裂缝、主拱圈拱波顶纵向裂缝、横系梁开裂、拱上建筑侧墙开裂和脱落、腹拱圈裂缝、立柱或横墙裂缝、侧墙鼓胀和外倾等。

1)主拱圈异常变形病害原因

主要原因:

(1)横向联系设置偏弱,易开裂、失效,拱肋受力不均匀,导致单肋变形过大。

(2)基础变位,导致拱肋变形较大。

2)主拱圈径向裂缝病害原因

主要原因:

(1)拱腿段拱背产生径向裂缝,裂缝沿拱肋截面径向发展。

(2)桥台发生过大的水平位移,拱顶附近拱肋产生竖向裂缝。

3)主拱圈纵向裂缝病害原因

主要原因:

(1)主拱圈横向不均匀变形或墩台横向不均匀沉降差过大,引起主拱圈纵向开裂。

(2)桥台水平位移或不均匀沉陷的影响。

4)主拱圈拱波顶纵向裂缝病害原因

主要原因:

(1)对于早期的填平式拱板,由于波顶为最弱截面,现浇混凝土厚度大,收缩大,容易因收缩而在波顶出现拉裂。

(2)当采用拉杆作为横向联系构件时,由于横系梁刚度小,连接松动,往往因横向不同拱肋扭转及挠度差过大而引起波顶纵缝(图6.2-14)。

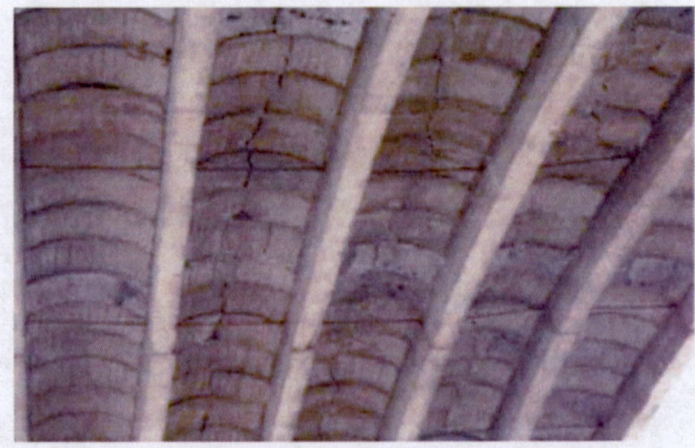

图6.2-14 主拱圈拱波顶纵向裂缝示例

5)边腹拱拱脚变位病害原因

主要原因:

(1)主拱圈变形过大。

(2)横墙或立柱变位。

(3)桥台变位。

6)腹拱圈横桥向裂缝病害原因

主要原因:

(1)横墙或立柱变位。

(2)腹拱圈两拱脚变形不协调。

(3)构造原因,如未设变形缝。

7)横系梁开裂和脱落病害原因

主要原因:

(1)超载荷载作用下,横向不同拱肋产生较大的内力和变形,进而导致横系梁开裂、混凝土脱落。

(2)横向不同拱肋受力与变形不均匀,导致横系梁病害。

8)拱上建筑侧墙开裂病害原因

主要原因:腹拱上未设变形缝,在长期的温度应力作用下,引起腹拱圈破坏,进而造成腹拱墩顶侧墙开裂。

9)立柱或横墙裂缝病害原因

主要原因:

(1)各排横墙和立柱的抗推刚度不协调、相差较大,荷载作用导致裂缝出现。

(2)个别主拱圈下挠,导致裂缝产生。

(3)钢筋锈蚀引起裂缝。

10)侧墙鼓胀和外倾病害原因

主要原因:

(1)侧墙过高、填料进水体积膨胀、土压力增大造成侧墙鼓胀、外倾。

(2)砌筑施工问题。

11)重点关注异常病害——基础滑移、拱顶严重开裂或下挠过大

双曲拱桥对基础位移作用较车辆荷载作用更为敏感,桥墩或桥台朝外滑移(即朝背离跨中方向位移,可测量拱桥的净跨径发现基础是否发生位移)会使拱脚背面或拱顶下缘出现较严重开裂,严重时会导致双曲拱桥垮塌。

其早期特征有:

(1)拱桥拱脚出现水平位移,净跨径变大且持续发展。

(2)拱顶出现较大下挠,并伴有较多、较宽裂缝。

(3)桥面线形异常,跨中下挠明显且持续发展。

(4)拱腿段拱背出现严重开裂,裂缝宽度超限,沿高度方向发展较高。

(5)桥台基础被挖空、洪水掏蚀或护坡垮塌等病害。

6.2.5.3 箱形拱桥典型病害及原因

箱形拱桥的典型病害为主拱圈下挠过大、拱圈裂缝、拱上立柱裂缝、破损等。

1)主拱圈下挠过大病害原因

主要原因:

(1)基础不均匀位移。

(2)超限车辆作用。

2)拱圈底面纵向裂缝病害原因

主要原因:

(1)施工期间的收缩裂缝。

(2)钢筋锈胀引起混凝土纵向开裂。

(3)拱肋横向联系弱,箱梁预制拼装接缝处开裂(图6.2-15)。

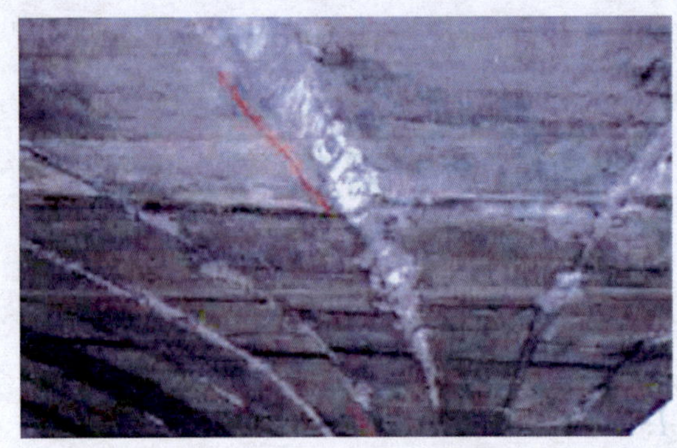

图6.2-15 拱圈底面纵向裂缝示例

3)拱圈底面横向裂缝病害原因

主要原因:

(1)荷载作用。

(2)基础变位引起净跨径变大,产生次应力。

4)箱形拱圈拼装处缺陷病害原因

主要原因:

(1)因拱圈拼接处构造较弱,加之车辆荷载冲击作用和构件变形不协调,致使拼接处出现开裂。

(2)施工导致接缝处存在偏差,导致错台甚至开裂。

5)重点关注异常病害——基础滑移、拱顶严重开裂或下挠,拱背开裂严重、桥梁振动剧烈

当箱形拱桥拱背出现严重开裂(裂缝横向贯通,并沿箱拱高度发展较长)时,应予以重点关注。此外,当车辆驶过桥面时,若出现剧烈振动,也需引起相当重视。其早期特征有:

(1)拱桥拱脚出现水平位移,净跨径变大且持续发展。

(2)拱顶出现较大下挠,并伴有较多、较宽裂缝。

(3)桥面线形异常,跨中下挠明显且持续发展。

(4)箱形拱拱腿段的拱背截面出现开裂,而且裂缝较宽、较深。

(5)箱形拱拼接处出现较大开裂变形,甚至脱开现象。

(6)桥梁在行车条件下出现剧烈振动,车桥耦合振动现象明显。

(7)桥台基础被挖空、洪水掏蚀或护坡垮塌等病害。

6.2.5.4 肋拱桥典型病害及原因

肋拱桥的典型病害为主拱圈异常变形,拱肋裂缝,横系梁开裂、破损、脱落,拱上立柱开裂、偏位等。

1)主拱圈异常变形病害原因

主要原因:

(1)基础不均匀位移。

(2)超限车辆作用。

(3)拱脚水平位移。

2)拱肋径向裂缝病害原因

主要原因:

(1)荷载作用。

(2)基础变位引起弯曲裂缝。

3)横系梁开裂、破损、脱落病害原因

主要原因:

(1)拱肋间横系梁连接弱,超限车辆长期作用导致横向联系开裂、破损等病害。

(2)拱肋不均匀位移。

(3)接头处质量差。

4)拱上立柱开裂、偏位病害原因

主要原因:

(1)各排横墙和立柱的抗推刚度不协调,温度及车辆制动等水平力荷载作用导致裂缝出现。

(2)混凝土收缩裂缝。

(3)个别主拱圈下挠,导致裂缝产生。

(4)安装施工造成偏差。

5)重点关注异常病害——基础滑移、拱顶严重开裂或下挠,拱背开裂严重、桥梁振动剧烈

肋拱桥采用多肋组合形成整体,各拱助间的横向连接质量对肋拱桥的承载力影响较大。当肋拱桥横系梁缺失或严重开裂时,应予以重点关注。此外,当车辆驶过桥面时,若出现剧烈振动,也须引起重视。

其早期特征有:

(1)拱桥拱脚出现水平位移,净跨径变大且持续发展。

(2)拱顶出现较大下挠,并伴有较多、较宽裂缝。

(3)桥面线形异常,跨中下挠明显且持续发展。

(4)拱腿段的拱背截面出现开裂,而且裂缝较宽、较深。

(5)肋拱横系梁或横梁出现较大开裂变形,甚至脱开现象。

(6)桥梁在行车条件下出现剧烈振动,车桥耦合振动现象明显。

(7)桥台基础被挖空、洪水掏蚀或护坡垮塌等病害。

6.2.6 支座典型病害及原因

桥梁支座处于桥梁上、下部结构连接点的重要位置,主要用来将上部结构荷载传递到下部结构,容许上部结构在荷载、温度变化、混凝土收缩徐变等因素作用下自由变形(包括轴向伸缩和转动),使结构的实际受力状况符合设计计算图式,保护梁端、墩台帽不受损伤。

6.2.6.1 油毛毡支座典型病害及原因

油毛毡支座在使用过程中,容易发生以下病害:支座老化失效、支座出现异响。

主要原因:

(1)自然老化。

(2)油毛毡材料质量问题。

(3)吸水胀大。

(4)承受的荷载过大。

6.2.6.2 板式橡胶支座典型病害及原因

板式橡胶支座在使用过程中,容易发生以下病害:支座脱空(图6.2-16)、不均匀支撑,支座变形过大,橡胶老化、开裂(图6.2-17),支座移位、偏压(图6.2-18),支座剪切变形、脱空(图6.2-19)。

主要原因:

(1)设计时,对车辆制动力等水平作用力引起的梁体伸缩估算不准确,采用的支座变形量过小,引起支座剪切变形过大。

(2)结构自重不均衡、车辆偏载作用导致支座脱空。

(3)施工质量控制不严,如钢板未做防锈处理、四氟滑板倒置、支座位置偏差甚至脱空等。

(4)由于支座位于上、下部结构之间,难以实施养护作业,造成未及时更换硅油、钢垫板未及时防护等。

图6.2-16 支座脱空示例

图6.2-17 橡胶老化、开裂示例

图6.2-18 支座移位示例

图6.2-19 剪切变形过大示例

6.2.6.3 盆式支座典型病害及原因

盆式支座在使用过程中会产生锈蚀,螺栓松动、剪断,组件磨损、裂损、纵向滑移等病害(图6.2-20)。

主要原因:

(1)设计时,对车辆制动力等水平作用力引起的梁体伸缩估算不准确,采用的支座变形量过小,引起支座剪切变形。

(2)结构自重不均衡、车辆偏载作用导致支座脱空。

(3)施工质量控制不严,如钢板未做防锈处理等。

(4)由于支座位于上、下部结构之间,难以实施养护作业,养护不到位。

图 6.2-20　钢支座组件锈蚀、纵向滑移量过大示例

6.3　下部结构典型病害及原因

6.3.1　盖梁典型病害及原因

盖梁在桥梁中起着非常重要的支撑和荷载传递作用,将支座的荷载传给桥墩。混凝土盖梁典型病害有:混凝土剥落露筋,抗震挡块挤压开裂,盖梁开裂、露筋。

6.3.1.1　混凝土剥落露筋病害原因

盖梁位于伸缩缝或桥面连续缝位置处,均是易受桥面渗水作用的部位,简支板梁桥盖梁处渗水比例较高,干湿循环将引起盖梁混凝土冻融破坏、钢筋锈胀,渗水引起盖梁混凝土剥落、钢筋锈蚀。

6.3.1.2　抗震挡块挤压开裂病害原因

为限制梁体横向位移,梁的支座两侧均设有抗震挡块。由于施工尺寸不准确,特别是梁板端横隔板与抗震挡块的可调空间有限,导致吊梁时将抗震挡挤压开裂。当抗震挡块和梁间预留空隙不够时,行车荷载作用下的少量横向位移或变形也可能将抗震挡块挤压破坏。

6.3.1.3　盖梁开裂、露筋病害原因

随着重载交通量不断增多,当盖梁承受的竖向荷载超过设计允许值时,盖梁就会产生裂缝。如果盖梁上面有渗水现象,水进入裂缝后,会进一步加速裂缝开展。当裂缝发展到钢筋时,由于水的存在,会造成钢筋锈蚀,钢筋锈蚀后体积变大,会将钢筋混凝土保护层胀裂,使混凝土脱落,造成露筋现象(图 6.3-1)。

6.3.2　桥墩典型病害及原因

桥墩典型病害有开裂、倾斜、钢筋锈蚀、墩身混凝土脱落和露筋、墩顶混凝土破损等。

图 6.3-1　盖梁破损

6.3.2.1　开裂病害原因

墩身混凝土产生裂缝(图 6.3-2)原因有：

(1)混凝土浇筑施工完成以后，没及时养护，造成混凝土产生收缩裂缝。

(2)上部传递的竖向荷载大于墩身所能承受的荷载，产生结构裂缝。

(3)受到弃土偏压、边坡垮塌等水平力作用而受弯、受剪引发开裂。

图 6.3-2　桥墩裂缝

6.3.2.2　钢筋锈蚀病害原因

当桥墩出现裂缝以后，水进入裂缝，冻胀作用会造成裂缝进一步开展。当裂缝发展到钢筋以后，钢筋会在水的作用下发生锈蚀。

6.3.2.3　墩身混凝土脱落、露筋病害原因

钢筋锈蚀后体积变大，会将钢筋混凝土保护层胀裂，使混凝土脱落，造成露筋现象。

6.3.2.4　倾斜病害原因

主要原因：

(1)水平向外力造成，例如受到弃土偏压作用、受到边坡垮塌影响等。这时往往伴随着

墩柱的严重开裂,特别在墩柱底部或者地系梁附近。

(2)施工过程造成的,例如在施工过程中墩柱模板或者支架发生倾斜,或者本身就未达到垂直度要求。

6.3.2.5 墩顶混凝土破损病害原因

支座尺寸过小,造成对墩顶的压强较大,剪切作用较强,加上重载交通的影响,导致墩顶混凝土破损。

6.3.3 桥台典型病害及原因

桥台典型病害有:开裂,钢筋锈蚀,混凝土脱落、露筋,渗水等。

6.3.3.1 开裂病害原因

主要原因:

(1)当桥台横向较长时,如果桥台的沉降缝设置不合理,就会因为地基不均匀沉降而造成桥台开裂。

(2)当桥台高度较大、台背填土排水性欠佳时,易造成水平向土压力过大,这时会在前墙与侧墙交界处形成竖向开裂;重载交通也是造成桥台开裂的一个重要原因,特别是桥台的高度较大、桥台整体刚度较小时,更容易产生裂缝(图6.3-3)。

图6.3-3 桥台裂缝

6.3.3.2 钢筋锈蚀病害原因

当桥台出现裂缝以后,水进入裂缝,冻胀作用会造成裂缝进一步开展,当裂缝发展到钢筋以后,钢筋会在水的作用下发生锈蚀。

6.3.3.3 混凝土脱落、露筋病害原因

钢筋锈蚀后体积变大,会将钢筋混凝土保护层胀裂,使混凝土脱落,造成露筋现象。

6.3.3.4 渗水病害原因

(1)桥台顶部伸缩缝的橡胶止水带破损,造成雨水沿伸缩缝流到桥台上。

(2)排水管破损造成桥台渗水。

6.3.4 墩台基础典型病害及原因

墩台基础的典型病害有:基础冲刷,桩基裸露等(图6.3-4)。

图6.3-4 桩基裸露、冲刷

主要原因:

(1)河流冲刷:长期的河流冲刷作用是导致墩台基础冲刷掏空的主要原因之一,水流的侵蚀作用会逐渐掏空桥梁墩台周围的土壤,导致基础暴露甚至掏空。

(2)地质条件:不良的地质条件,如松软的土质或不稳定的河床,会加剧冲刷效应,使墩台基础更容易受到冲刷掏空的影响。

(3)设计缺陷:桥梁设计时未充分考虑当地的水文条件和冲刷特性,可能导致墩台基础埋置深度不足,易受冲刷掏空。

(4)维护不及时:未能及时发现和处理早期的冲刷迹象,会导致冲刷掏空问题恶化。

6.3.5 锥坡、护坡典型病害及原因

锥坡、护坡典型病害为勾缝砂浆脱落,锥坡、护坡坡体坍塌、水毁(图6.3-5)。主要原因为流水冲刷掏空及基础下沉。

图6.3-5 锥坡、护坡坡体坍塌、水毁

6.3.6 翼墙、耳墙典型病害及原因

翼墙、耳墙典型病害为混凝土开裂(图6.3-6)。主要原因为翼墙、耳墙处结构及受力相对较为复杂,构件厚度较小,受力较大的情况下容易出现开裂。

图6.3-6 翼墙、耳墙开裂

6.4 桥面系及附属设施典型病害及原因

6.4.1 桥面铺装典型病害及原因

6.4.1.1 沥青混凝土桥面铺装病害原因

沥青混凝土桥面铺装病害有桥面纵向凹凸、车辙、泛油、铺装松散、磨光、坑槽、网状裂缝、横向裂缝、纵向裂缝等(图6.4-1),与结构构造、铺装材料质量、施工工艺、后期养护以及荷载作用等有关。

图6.4-1 沥青混凝土铺装典型病害(坑槽、松散、车辙)

6.4.1.2 水泥混凝土桥面铺装病害原因

水泥混凝土桥面铺装病害有相邻桥面铺装边的高差、集料外露、开裂、桥面连续区段的裂缝等(图 6.4-2),与结构构造、铺装材料质量、施工工艺、后期养护以及荷载作用等有关。

图6.4-2 水泥混凝土铺装典型病害(开裂、集料外露)

6.4.2 伸缩装置典型病害及原因

6.4.2.1 橡胶条伸缩装置病害原因

橡胶条伸缩装置病害有橡胶条脱落、伸缩装置两侧混凝土破碎、锚固件破坏、桥面铺装与伸缩装置连接处剥离等(图 6.4-3)。

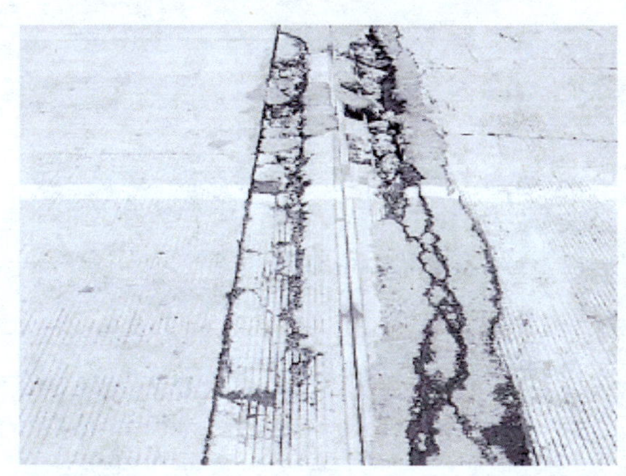

图 6.4-3 伸缩缝锚固区开裂破损、钢构件破坏

主要原因:

(1)在伸缩装置使用过程中,橡胶条一直处于受压状态,但在安装时很难夹压达到设计的理想状态,不是过紧就是过松,过紧易造成鼓起,过松易脱落。

(2)车辆荷载作用以及桥头跳车引起的车辆冲击作用造成伸缩装置各部件松动、破损、脱落。

(3)设计时伸缩量计算不准确,如未考虑伸缩缝的安装温度对伸缩量的影响等,桥梁端部与伸缩装置的连接构造欠合理。

(4)施工质量欠佳,如钢筋焊接长度不够、混凝土强度不足或浇筑振捣不密实,在荷载作用下易造成混凝土破坏。

(5)伸缩装置两侧混凝土与沥青混凝土铺装层结合不好、碾压不密实,容易开裂脱离。

6.4.2.2　模数式伸缩装置病害原因

模数式伸缩装置是广泛使用的伸缩装置。模数式伸缩装置病害有:伸缩装置钢纵梁连接焊缝脱开、密封橡胶条脱落、密封橡胶条破漏、伸缩装置两侧混凝土开裂与坑槽。

主要原因:

(1)在伸缩装置使用过程中,橡胶条一直处于受压状态,但在安装时很难夹压达到设计的理想状态,不是过紧就是过松,过紧易造成鼓起,过松易脱落。

(2)车辆荷载作用以及桥头跳车引起的车辆冲击作用,造成伸缩装置各部件松动、破损、脱落。

(3)设计时伸缩量计算不准确,如未考虑伸缩缝的安装温度对伸缩量的影响等,桥梁端部与伸缩装置的连接构造欠合理。

(4)施工质量欠佳,如钢筋焊接长度不够、混凝土强度不足或浇筑振捣不密实,在荷载作用下易造成混凝土破坏。

(5)伸缩装置两侧混凝土与沥青混凝土铺装层结合不好、碾压不密实,容易开裂脱离。

6.4.2.3　桥梁伸缩缝异常变位病害原因

在伸缩缝的常见病害中,必须予以充分重视的病害现象是伸缩装置的异常变位,如图6.4-4所示。

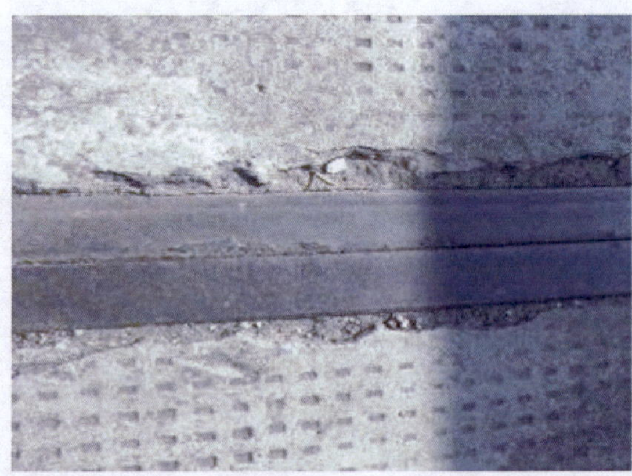

图6.4-4　桥梁伸缩缝异常变位示例

主要原因:

(1)设计时未能充分考虑桥梁纵坡影响,造成主梁纵向移位,在桥面上表现为伸缩缝的过大间隙或者相互抵紧。

(2)伸缩缝的设计伸缩能力不满足桥梁变形需求,往往表现为伸缩缝拉开。

(3)桥梁墩台发生位移或者倾斜,造成主梁移动,表现为伸缩缝的异常变位。

6.4.3　人行道、栏杆及护栏典型病害及原因

人行道典型病害有构件缺损、错位、坑槽等。病害主要原因为人行道受雨水冲刷,嵌缝料流失造成板块松动,基层损坏造成沉陷、坑槽等。

栏杆及护栏典型病害有撞击损坏、构件缺失,混凝土护栏外观粗糙、露筋及钢筋锈蚀、裂缝等。

6.4.3.1　撞击损坏病害原因

主要原因:车辆碰撞等导致护栏破损(图6.4-5)。

图6.4-5　护栏撞击损坏示例

6.4.3.2　混凝土护栏外观粗糙病害原因

主要原因:

(1)模板组装不牢固,接缝不严,造成尺寸误差大;模板支撑不牢固,浇筑和振捣混凝土时变形,或振捣时间过长,造成跑浆、漏浆,引起变形、掉皮。

(2)混凝土和易性控制不当。

(3)混凝土流动性差或振捣时间不足,造成缺浆蜂窝,棱角不饱满、不清晰。

(4)预制过程中,抹面高于模板上平面,容易飞边;低于模板上平面,造成翘边。

(5)模板上灰浆等杂物清理不干净,脱模剂涂抹不均匀。

6.4.3.3　护栏露筋及钢筋锈蚀病害原因

主要原因:

(1)钢筋骨架绑扎或焊接不牢,搬运、入模时操作不当造成钢筋骨架变形及钢筋位置偏移,致使保护层厚度不足或钢筋外露。

(2)浇筑混凝土时钢筋骨架受混凝土压力等外力作用变形,振捣时被振捣器挤压,造成钢筋移位,致使保护层厚度不足或钢筋外露(图6.4-6)。

6.4.3.4　钢筋混凝土墙式护栏竖向裂缝病害原因

钢筋混凝土墙式护栏竖向裂缝一般为收缩裂缝。护栏墙身是在桥梁主体结构施工完毕

后采用现浇法施工的,墙身为实体混凝土,混凝土产生的水化热致使墙身温度高于主体结构,墙身混凝土的收缩受主体结构约束,加之预埋钢筋数量过多,使约束增强,就产生了竖向收缩裂缝。

图 6.4-6　护栏锈胀露筋示例

6.4.4　排水系统典型病害及原因

桥面排水系统病害有:泄水管堵塞、桥台排水不畅、泄水管外伸长度过短、封闭式泄水管接头不良等。造成上述缺陷和病害的主要原因是排水设施设置欠合理、日常养护疏忽。部分桥梁存在桥面清扫不彻底的情况,或即使清洁状况较好,但部分清洁人员将桥面清扫垃圾堆放于泄水孔附近,或直接倾倒于泄水孔内,造成泄水孔堵塞。此外,如果泄水管外伸不足或断裂,排水不畅,易侵蚀主梁侧面。

6.4.5　照明、标志典型病害及原因

主要原因是设计、施工考虑不周以及日常养护疏忽。

6.4.6　桥台引道典型病害及原因

6.4.6.1　桥面与引道路面之间的高低差(桥头跳车)病害原因

主要原因是桥台基础沉降小,而台后引道路基沉降大,两者之间有较大的沉降差。

6.4.6.2　桥头“二次跳车”病害原因

主要原因:

(1)桥台搭板的设置长度未考虑路基工后沉降允许值。

(2)台后填土压实度不够或台后软土地基未采取相应措施进行处理,引起搭板末端过大沉降。

(3)桥台后未进行防水和排水处理。一般应在搭板范围内设置必要的防排水措施,否则水进入路基后会进一步引起路基下沉。

7　桥梁典型病害处治工艺

本章根据日照市普通国省道公路桥梁历年检查结果，针对各类部件或构件典型病害，给出了常见的处治工艺。

7.1　混凝土构件表观缺陷处治工艺

7.1.1　病害示例

混凝土构件表观缺陷示例见图 7.1-1。

a) 混凝土剥落

b) 蜂窝麻面

c) 混凝土破损

图 7.1-1　混凝土构件表观缺陷示例

7.1.2 病害处治工艺

7.1.2.1 适用范围

混凝土蜂窝麻面、老化、剥落、局部破损。

7.1.2.2 施工工艺

混凝土表面修补宜按病害情况分别进行处理:对劣质疏松层较浅、病害范围较小的区域,可采用丙乳砂浆(PAEC 砂浆)修补;对孔洞及深度超过 6cm 的深层劣质疏松层,可采用高强细石混凝土修补。

1)丙乳砂浆修补法

工艺流程:施工准备→铣除基底表面污物→清水冲洗→凿槽→拌制砂浆→刮涂丙乳砂浆→养护。

(1)丙乳需储存在 0℃以上的环境中,丙乳砂浆施工的环境温度宜为 10～35℃,当施工环境温度低于 5℃时应采取加热保温措施。不宜在大风环境或气温高且有太阳直射的环境中施工。

(2)一般使用不低于 52.5 级的硅酸盐水泥或普通硅酸盐水泥,砂须过 2.5mm 筛,水泥及砂均须满足有关规范规定。

(3)在水泥基层上施工时,施工前须清除基底表面污物、尘土和松软、脆弱部分,并对其加以喷砂或人工凿毛(深度 1～2mm),然后用清水冲洗干净。施工前应使待施工面处于饱水状态(但不应有自由水),在薄层修补区的边缘宜凿一道 3～5cm 的深齿槽,以增强修补面与旧混凝土的黏结。

(4)根据工程要求,选定灰砂比及丙乳掺量,宜选灰砂比为 1:(1.5～2)的砂浆,丙乳掺量为水泥用量的 25%～30%。施工前根据现场水泥和砂及施工和易性要求,通过试拌确定水灰比,每次拌制的砂浆要求能在 30～45min 内使用完,不宜一次拌和过多数量。

(5)在净浆硬化前,刮涂丙乳砂浆。仰面和立面施工,涂层厚度超过 7mm 时,需分两次抹压,以免脱空,砂浆刮涂到位后,用力压实,随后应立即抹面。注意向一个方向抹面,不要来回多次抹,不需第二次收光。

(6)丙乳砂浆早期干缩偏大,应特别注意加强早期养护。丙乳砂浆表面略干后,宜用农用喷雾器喷雾养护。一昼夜后再洒水养护 7d 即可自然干燥。在阳光直射或风口部位,注意遮光、保湿。

(7)如果施工面为斜面或曲面,施工应从较低部位开始,依次施工到较高部位。

(8)修补面积较大时,宜分段分块间隔施工,以避免砂浆干缩开裂。

2)高强细石混凝土修补法

工艺流程:施工准备→凿除疏松区劣质混凝土→剔除开凿表面浮石→涂刷界面剂→立模浇筑、振捣→拆模→养护。

(1)首先将疏松区劣质混凝土凿除,其周边宜凿成规则的多边形,开凿范围以见新鲜、凿实混凝土为止。开凿区以及孔洞四周边宜做成台阶状,台阶高差以不小于3cm为宜。

(2)剔除开凿表面(新旧混凝土结合面)的浮石,并清洗开凿表面,饱水24h。

(3)在保持结合面湿润但无自由水的情况下,涂刷界面剂(净浆),立模浇筑高强细石混凝土并振捣密实,终凝后及时拆模,覆盖湿麻袋保持潮湿7d。

7.1.2.3 质量检验要点

(1)丙乳砂浆、混凝土的强度应符合图纸及规范要求。

(2)界面平整,接缝顺适,修补处表面与原结构表面颜色基本一致。

7.2 混凝土构件裂缝处治工艺

7.2.1 病害示例

混凝土构件裂缝示例见图7.2-1。

a)底板纵向裂缝

b)腹板横向裂缝

图7.2-1 混凝土构件裂缝示例

7.2.2 病害处治工艺

7.2.2.1 适用范围

横向裂缝、纵向裂缝、竖向裂缝、斜向裂缝。

7.2.2.2 施工工艺

由于裂缝病害比较普遍,分布范围较广,形态、宽度各异,施工时应根据不同的裂缝宽度采用相应的处理方案:

(1)裂缝宽度小于0.2mm时,可采用表面封闭法进行处理。

(2)裂缝宽度在0.1~1.5mm之间,可采用静压注射法进行补强。

(3)裂缝宽度大于0.5mm的活动裂缝,宜采用填充密封法进行修补。

由于施工期间养护不到位、混凝土保护层厚度不足、钢筋锈蚀等造成的横向裂缝，轻微时加强观测；当裂缝继续扩大、混凝土有剥离现象时，应上报有关部门，及时处理。

1）表面封闭法

工艺流程：施工准备→清扫裂缝附近并清洗→打磨裂缝→涂抹封闭材料。

表面封闭法主要采用表面封闭材料（如环氧胶泥、聚合物砂浆等）对结构表面裂缝进行封闭修补。本方法适用于裂缝宽度小于0.2mm的情况。

表面涂抹环氧胶泥时，先将裂缝附近80～100mm范围内的灰尘、浮渣用压缩空气吹净，或用钢丝刷、砂纸、毛刷清扫干净并清洗，油污可用二甲苯或丙酮擦洗，然后打磨裂缝表面，露出新鲜坚实的混凝土基面，如表面潮湿，应用喷灯烘烤干燥、预热，以保证环氧胶泥与混凝土黏结良好；如基层表面难以干燥时，应用环氧煤焦油胶泥（涂料）涂抹，并涂刮在裂缝表面。环氧胶泥、环氧煤焦油胶泥的配合比以及原材料性能应符合表7.2-1。

环氧胶泥、环氧煤焦油胶泥的配合比　　表7.2-1

材料名称	配合比						备注
	环氧树脂（g）	煤焦油（g）	邻苯二甲酸二丁酯（mL）	二甲苯（mL）	乙二胺（mL）	粉料（g）	
环氧胶泥	100	—	10	30～40	8～12	25～45	干燥基层涂面
环氧煤焦油胶泥	100（100）	100（50）	5（5）	50（25）	12（12）	100（100）	潮湿基层涂面

注：1. 二甲苯、乙二胺、粉料的掺量，可视气温和施工操作具体情况适当调整。
2. 环氧煤焦油胶泥配合比，括号之外的数用于底层，括号中的数用于面层。

根据实际使用情况，还有一种表面封闭方案，即利用混凝土表层微细独立裂缝或网状裂缝的毛细作用吸收低黏度且具有良好渗透性的修补胶液，封闭裂缝通道。

2）静压注射法

工艺流程：施工准备→清缝处理→粘贴注射器底座→密封→密封检查→注胶→封口处理。

该方法适用于宽度为0.1～1.5mm的裂缝。

以一定的压力（应按产品使用说明书的规定，一般为0.2～0.4MPa），将低黏度、高强度的裂缝修补胶注入裂缝腔内。注射前，应对裂缝周边进行密封，一般情况下可按以下步骤进行：

（1）清缝处理。将所有拟处理的裂缝沿缝凿成深2～4mm、宽4～6mm的“V”形槽；剔除缝口表面的松散杂物，用气压为0.2MPa以上的压缩空气清除槽内浮尘；沿缝长范围内用丙酮进行清洗，擦净表面。

（2）粘贴注射器底座。清缝处理后，骑缝用环氧胶泥封缝并埋设、粘贴注射器底座。间距以20～30cm为宜，原则上缝宽可稀、缝窄宜密，但每条裂缝至少须有一个进浆口和排气孔。

(3)密封。用修补胶密封底座的周围,并沿裂缝按 5cm 宽进行密封。

(4)密封检查。待封缝材料固化后,沿缝涂刷一层肥皂水,并从灌浆嘴中通入气压为 0.2MPa 的压缩空气,检查缝的密封效果。对漏气部位进行补封处理。

(5)注胶。安装注射器,注入专用裂缝修补胶液,待相邻注射嘴冒浆时,停止注射并用木塞塞紧,然后进行下一个注射嘴注胶,直至最后一个。若裂缝长度较长,一次性所需注射胶液较多,也可采用空压机和储胶罐进行灌缝(图 7.2-2)。压力以 0.2 ~ 0.4MPa 为宜,施工时应防止骤然加压对管道造成破坏。

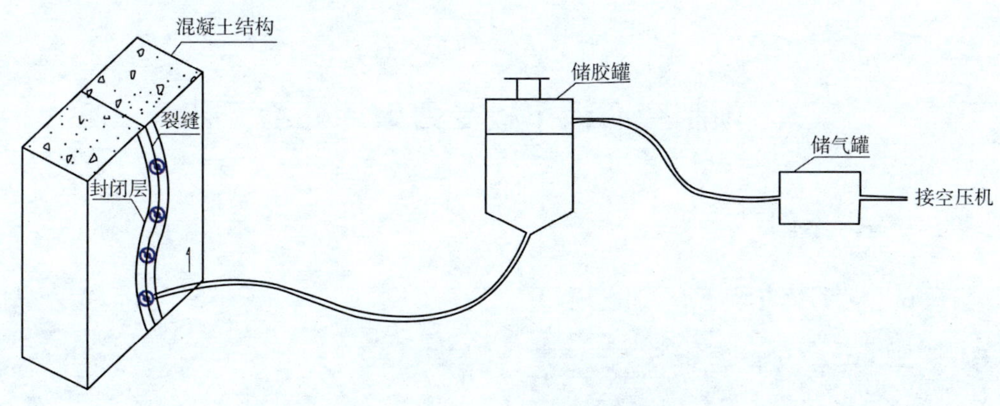

图 7.2-2 空压机灌缝示意图

(6)封口处理。注射胶液初凝后,除去木塞,采用环氧胶泥封堵注射嘴。

3)填充密封法

工艺流程:施工准备→开槽→清缝→充填→粘贴。

此方法适用于处理宽度大于 0.5mm 的活动裂缝。

在构件表面沿裂缝走向骑缝凿出槽深和槽宽分别不小于 20mm 和 15mm 的"U"形沟槽(图 7.2-3),槽的两边混凝土必须修理平整,并用丙酮擦拭一遍。然后用改性环氧树脂充填,并粘贴不小于 3 倍缝宽的 E 玻璃纤维布(或按设计要求)封闭其表面。填充改性环氧树脂前应保证槽口干燥,否则应采取其他有效措施,使槽内干燥后再进行填补。

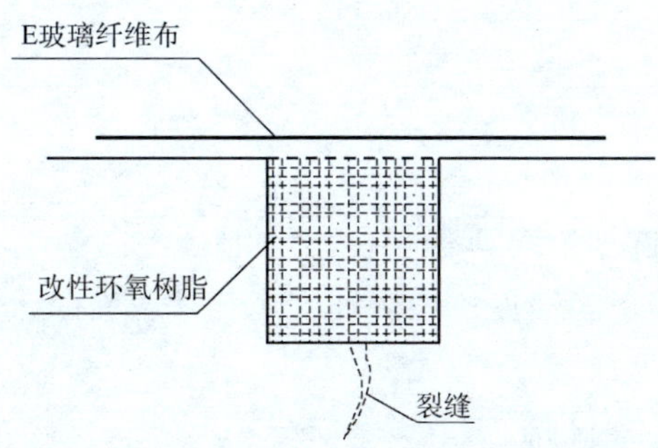

图 7.2-3 裂缝填充密封示意图

维修梁板裂缝时，若发现空腔内有渗水现象，应在梁底的空腔两端打孔，孔径不小于 2cm。

7.2.2.3 质量检验要点

裂缝修补施工质量应满足现行国家标准《建筑结构加固工程施工质量验收规范》(GB 50550)的规定。

胶(浆)液固化时间达到 7d 时，应立即采用超声波法或取芯法进行灌注质量检验。当采用超声波时，其测定的浆体饱满度应不小于 90%，检查数量应为裂缝总数的 10%，且不少于 5 条裂缝。

7.3 预制空心板单板受力破坏处治工艺

7.3.1 病害示例

预制空心板单板受力破坏示例见图 7.3-1。

a) 单板受力破坏

b) 桥面纵向裂缝

图 7.3-1 预制空心板单板受力破坏示例

7.3.2 病害处治工艺

7.3.2.1 适用范围

预制空心板单板受力。

7.3.2.2 施工工艺

工艺流程：施工准备→铣刨桥面沥青层→凿除混凝土→凿毛→补设缺失的铰缝钢筋→绑扎桥面钢筋网→浇筑混凝土→铺设热橡胶沥青 + 预拌碎石防水层→铺设沥青混凝土铺装层→恢复路面标线。

(1)铣刨原桥面沥青层，凿除现浇层及铰缝松散混凝土，注意保留铰缝钢筋，铰缝钢筋缺失应进行补充。

(2)空心板顶面及铰缝面凿毛成凹凸不小于6mm的粗糙面,以利于新旧混凝土良好结合。浇筑铰缝混凝土前,必须清除结合面上的浮皮并用水冲洗干净,洒水保持铰缝面湿润。

(3)绑扎两层桥面钢筋网后,浇筑铰缝混凝土及12cm厚整体化混凝土层,材料采用C40聚丙烯纤维混凝土。

(4)铺设热橡胶沥青+预拌碎石防水层。

(5)铺设5cm厚沥青混凝土铺装层,材料与路面统一。

(6)恢复路面标线。

7.3.2.3　质量检验要点

(1)钢筋、混凝土强度应符合图纸及规范要求。

(2)沥青面层平整度、横坡、压实度应符合图纸及规范要求。

(3)搭接处应紧密、平顺。

(4)面层与其他构筑物应顺接,不得有积水现象。

7.4　梁板底勾缝脱落、渗水泛白处治工艺

7.4.1　病害示例

梁板底勾缝脱落、渗水泛白示例见图7.4-1。

a)铰缝处勾缝砂浆脱落

b)铰缝处勾缝砂浆脱落、渗水泛白

图7.4-1　勾缝脱落、渗水泛白示例

7.4.2　病害处治工艺

7.4.2.1　适用范围

勾缝脱落、渗水泛白。

7.4.2.2　施工工艺

工艺流程:施工准备→清除松散砂浆→拌制砂浆→勾缝→养生。

(1)清除漏出板缝的松散或多余砂浆。

(2)勾缝前,用水将板缝10cm范围内充分湿润,确保砂浆能够有效黏结。

(3)拌制勾缝砂浆要采用干净的细砂,勾缝砂浆水泥用量同M7.5砂浆,砂浆颜色应与梁板混凝土颜色一致。

(4)桥下搭设支架,并在支架上摆放人行竹板或方木。

(5)勾缝以宽度5cm、厚度3mm为宜,勾缝砂浆应与板缝内镶嵌不小于10mm。对于相连板底错台较大的,根据错台大小适当增加较高板底的勾缝厚度。勾缝分两步进行,首先修补局部缺陷及填塞个别板缝空洞,然后通长勾直缝,缝隙要饱满直顺、黏结牢固。

(6)对于有错台的板缝,需勾成斜面,低面处砂浆厚5mm,高面处砂浆厚3mm,勾缝要在斜面上平整、光洁、黏结牢固。

(7)勾缝砂浆需在初凝前采用抹泥板进行二次收面,保证砂浆勾缝平整、光洁。

(8)完成二次收面后,砂浆即将初凝时,先用墨斗弹线,然后用2m尺沿墨线逐步裁边,确保勾缝宽度及直顺度。勾缝砂浆带要均匀分布于两块板上,以利于美观。

(9)勾缝砂浆带要平整、直顺、薄厚均匀,不允许出现高低不平、线形不直顺、表面粗糙的现象,否则应立即返工处理。

(10)完成勾缝的板缝要及时洒水养生,防止因收缩造成裂缝甚至脱落现象。

7.4.2.3 质量检验要点

(1)砂浆强度应符合图纸及规范要求。

(2)勾缝砂浆带要平整、直顺、薄厚均匀、外形美观。

7.5 混凝土构件承载力不足处治工艺

混凝土构件承载力不足的典型加固方法有:粘贴钢板加固(图7.5-1)、粘贴碳纤维布加固(图7.5-2)。

图7.5-1 粘贴钢板加固

图7.5-2 粘贴碳纤维布加固

7.5.1 粘贴钢板加固

7.5.1.1 适用范围

钢筋混凝土受弯、大偏心受压和受拉构件加固。

7.5.1.2 施工工艺

粘贴钢板加固方案从施工角度可以分为灌注法和粘贴法。

1)灌注法

工艺流程:施工准备→钢板制作及表面处理→混凝土表面处理→打孔并埋置螺栓→封边→压注粘钢灌注液→加固→固化养护→施工质量检验。

(1)钢板制作及表面处理。按现场需粘贴钢板部分的混凝土表面实际放样进行钢板下料,钢板带尽量采用通长布置,若下料板材长度小于粘贴钢板带长度,可采用对接焊将其焊接成整体。粘贴面用磨光砂轮机或钢丝刷磨光机进行除锈和糙化处理,以增强粘贴性能。除锈后的钢板表面应显露出金属光泽,糙化的纹路越大越好,纹路方向应与构件受力方向垂直,之后用脱脂棉蘸取丙酮(或甲苯)将钢板表面擦拭干净。

(2)混凝土表面处理。结合现场量测定位情况,在粘贴钢板加固补强区的混凝土表面放出扁钢带位置定位线。先凿除粘贴钢板区域表面6~8mm厚的表层砂浆,使坚实的混凝土集料外露并形成平整的粗糙面,表面不平处应轻凿整齐;再清除表面浮挂物,剔除表层疏松物;最后用压缩空气吹净表面粉尘并用苯或工业丙酮擦拭表面。对粘贴基面出现的错台、缺损、坑槽等缺陷,粘贴钢板前应对其进行打磨,并采用丙乳砂浆进行局部修补,使得缺陷位置平顺过渡,以利于钢板带的粘贴。

(3)粘钢区域混凝土现场打孔并埋置螺栓。根据设计位置在混凝土表面进行钻孔。埋置螺杆钻孔打盲孔前,用钢筋混凝土保护层测试仪查明梁体的钢筋布置,避免钻孔打盲孔时碰到钢筋,盲孔孔径和孔深应严格符合设计要求。钻孔时采用冲击钻一次成孔,成孔后用空压机或高压水枪清洗孔内。干燥后埋置全螺纹螺栓,其至钢板边缘的距离应控制在50~100mm范围内。

(4)封边。用环氧胶封闭板边缘,待封边胶完全固化(约12h)且具有一定的强度后,沿钢板边缘涂刷一层肥皂水,从低处的灌胶嘴中通入气压为0.2~0.4MPa的压缩空气,以检验钢板的封边是否良好。如果发现封闭带上有气泡出现,说明该部位漏气,对漏气部位应进行补封处理。

(5)压注粘钢灌注液。用注胶泵以0.2~0.3MPa的压力将粘钢灌注胶灌注到钢板与混凝土的间隙中,压力应保持稳定。灌注工作持续到同一块钢板的所有排气孔均有胶体溢出。将所有排气孔用封边胶封闭后,再以较低的压力维持10~15min。在灌注过程中,用橡皮锤敲打钢板表面以确认是否灌注密实。

(6)加固。在混凝土与钢板之间放置3mm厚垫片,将钢板套在螺栓上进行调平和固定,固定好后收紧螺栓,使多余的粘钢胶液沿板缝挤出,达到密贴程度。加压固定的压力不小于0.15MPa。同时不断轻轻敲打扁钢带,并及时检查扁钢带下胶液的饱满性。

(7)固化养护。灌注工作结束后,必须静置养护72h,等待液体固化。

(8)施工质量检验。在完成粘贴扁钢带24h后,沿粘贴面轻轻敲击钢板,从声音判断粘贴固化效果,如无空洞声,则表示灌注密实,否则应在钢板空鼓处重新打孔,用针筒灌胶。若发现扁钢带粘贴固化面积小于90%,则应剥下重新粘贴。

经检验确认粘贴固化效果符合设计及规范要求后,再按照设计要求对粘贴钢板梁体表面涂抹丙乳砂浆进行防护。

2)粘贴法

工艺流程:施工准备→混凝土表面处理→钻孔→配制胶粘剂→粘贴钢板→加压→检验粘贴质量→表面防护处理、加固。

(1)混凝土表面处理。为了得到良好的粘贴效果,必须先对粘贴表面进行处理:清除混凝土表面破碎部分,并凿平凿毛,使集料露出,再用钢刷或压缩空气清除浮尘,或用喷砂技术处理表面,粘贴前再用丙酮擦构件表面一遍。

(2)钻孔。采用螺栓加压时,须事先在钢板和构件底面上钻孔,钻孔应采用梅花形布置。

(3)胶粘剂的配制。环氧树脂胶粘剂的拌制要严格掌握配合比,拌和要均匀,一次拌和量不能太多,随拌随用,最好在1h内用完。

(4)粘贴钢板。一般用涂拌法粘贴,先在混凝土和钢板表面涂一薄层环氧树脂胶液,然后在钢板上涂一层环氧树脂胶(砂浆),涂抹的厚度应为1~3mm,胶层宜中间厚、边缘薄,将气泡挤出,最后将钢板贴在混凝土面上,加压成型,使多余的胶液沿钢板边缘挤出,使钢板密贴在混凝土面上。

(5)加压。在贴好钢板之后,必须对钢板进行加压。一般采用螺栓加压。施工时根据预先钻好的孔位在混凝土上埋设ϕ12mm的螺栓,粘贴钢板后立即旋紧螺母进行加压。固定与加压钢板粘贴好后,立即用特制U形夹具夹紧或用木杆顶撑,压力保持为0.05~0.1MPa,以胶液刚从钢板边缝挤出为宜。

(6)检验粘贴质量。钢板粘贴成型后,应检查钢板与混凝土之间是否有空洞存在。若有空洞存在,应及时填入胶结剂充塞,若补救措施不能奏效时,则需将钢板拆下,处理后重贴。

(7)表面防护处理。待环氧树脂砂浆凝固后,清除钢板外表污物,用钢刷除锈,涂一层树胶薄浆罩面。

(8)涂装防护。经检验确认钢板带粘贴固化效果符合设计及规范要求后,再按照设计要求对粘贴钢板表面进行涂装防护。

7.5.1.3 质量检验要点

(1)钢板、胶粘剂应符合现行有关标准规定。

(2)钢板与混凝土之间应粘贴密实、无空鼓。

(3)钢板粘贴面应除锈、槽化和展平。

(4)钻孔打盲孔时钢筋应无损伤,螺栓牢固。

7.5.2 粘贴碳纤维加固

7.5.2.1 适用范围

钢筋混凝土抗弯、抗剪加固,防裂、防腐补强。

7.5.2.2 施工工艺

工艺流程:施工准备→混凝土基底处理→涂底层涂料→修补并找平→粘贴碳纤维布→养护→涂刷碳纤维专用漆。

在粘贴碳纤维加固施工前,应尽可能地卸去部分荷载,使碳纤维粘贴施工时结构或构件承受的荷载作用减小到最低程度。

1)混凝土基底处理

(1)裂缝处理。宽度小于0.2mm的裂缝,用环氧树脂进行表面涂抹封闭;大于0.2mm的裂缝,用环氧树脂灌缝。

(2)将混凝土构件表面的残缺、破损部分清除干净,达到结构密实部位,使其表面平整。

(3)检查外露钢筋是否锈蚀。如有锈蚀,须进行必要处理。

(4)对经处理的构件,用环氧砂浆进行修补、复原,达到表面平整。

(5)将构件表面凸出部分(混凝土构件交界部位、模板的段差等)打磨平整,修复后的段差要尽量平顺;棱角部位用磨光机磨成圆角,圆角半径须大于或等于30mm。

(6)结构或构件表面打磨后,用吹风机清理表面灰尘和杂物,或用水及酒精清洗,并使表面充分干燥。

2)涂底层涂料

(1)把底层涂料的主剂和固化剂按规定比例称量准确后放入容器内,用搅拌器搅拌均匀;一次调和量应在可使用时间内用完。

(2)用滚筒刷均匀地将底层涂料涂刷于混凝土表面,指触干燥后(一般养护3~24h)才能进行下一道工序的施工。

(3)底层涂料指触干燥或固化后,表面上的凸起部分(类似结露的露珠)要用砂布或角磨机磨平。

3)修补并找平

(1)构件表面凹陷部位应用环氧腻子填平,并修复至表面平整、顺滑。

(2)内角(段差、起拱等)要用环氧腻子填补,使之平顺。腻子涂刮后,表面如仍存在凹凸糙纹,应再用砂纸打磨平整。

4)粘贴碳纤维布

(1)用砂纸打磨一遍工作面,并用棉丝将粉尘擦拭干净。

(2)施放作业边界线。

(3)按设计要求的尺寸裁剪碳纤维布,注意不要在幅宽方向裁剪。

(4)按比例将浸渍胶拌和均匀后,用短毛滚均匀涂抹于工作面上。

(5)将碳纤维布按顺序依次粘贴于工作面,并用消泡滚反复滚压碳纤维布表面,使碳纤维布与工作面紧密结合,不至有气泡存在。纤维顺长方向片材的接头必须搭接15cm以上。该部位应多涂树脂,脱泡。

(6)静置30~60min,在碳纤维表面再均匀涂一层浸渍树脂。涂抹浸渍树脂时,不得使粘贴的碳纤维布卷起。

5)粘贴碳纤维布

在粘贴碳纤维后,养护24h,不宜使碳纤维布受潮、受振,也不得有荷载直接冲撞碳纤维布表面。

6)涂刷碳纤维专用漆

待树脂初期硬化后,在碳纤维布表面涂刷一层碳纤维专用漆,其颜色和原来结构相同。

7.5.2.3 质量检验

(1)碳纤维布、胶粘剂应符合现行有关标准规定。

(2)碳纤维布与混凝土之间粘贴密实、无空鼓。

7.6 圬工砌体表面风化剥落或损坏处治工艺

7.6.1 勾缝修补法

7.6.1.1 适用范围

砌缝砂浆松散脱落。

7.6.1.2 施工工艺

工艺流程:施工准备→清槽→填缝→压光修边→清扫残灰→养生→现场清理。

(1)清槽:用铲子、钢刷将缝内风化松散的砂浆剔除,用水冲洗干净,保证勾缝砂浆具有良好的结合面。

(2)填缝:在缝槽处于湿润状态时,用M10砂浆抹缝,将缝槽填实、压平。勾缝要做到宽窄均匀一致、缝边齐整。

(3)压光修边:压光修边,切除多余砂浆并拉毛,使拉毛后的浆面粗糙度与石面近似,以提高感观效果。

(4)清扫残灰:待砂浆初凝1h后,采用软质笤帚清扫修边整理出的多余砂浆。

(5)养生:砂浆初凝后洒水养护,防止干裂和砂浆失水脱落。养生时要保证勾缝表面湿润,养生期不少于7d。有条件时尽可能采用覆盖养生。

7.6.1.3 质量检验要点

砌体勾缝应横平竖直,交界处应平顺,宽度和深度应均匀,表面应压实抹平,勾缝平顺,缝宽均匀,无脱落现象。

7.6.2 抹浆或喷浆法

7.6.2.1 适用范围

表面风化、剥落、蜂窝、麻面;砌体表面局部损伤,脱落不太严重时。

7.6.2.2 施工工艺

工艺流程:施工准备→清除表层→凿毛→分层抹浆→现场清理。

(1)将风化、剥落的表层彻底凿除。

(2)将露出的完好表面凿毛,用水冲洗干净并保持湿润。

(3)分层抹浆。每层厚度10~15mm,总厚度一般为20~30mm。下层砂浆应为毛面,使其与次面连接紧密。砌体表面局部损伤时,分层填补至需要的厚度并将表面抹平。压力喷浆(适用于面积较大的抹面工程)做法与混凝土结构表层损坏的喷浆修补法相同(图7.6-1)。

图7.6-1 喷浆

7.6.2.3 质量检验要点

(1)材料的质量和性能应符合现行相关标准、规范的规定,满足设计要求。

(2)表面应平整,无麻面、掉皮等表观缺陷。

7.6.3 表面局部修补法

7.6.3.1 适用范围

砌体表面局部损伤,损坏深度和范围较大。

7.6.3.2 施工工艺

工艺流程:施工准备→清除破损部位→修凿整齐→埋设牵钉→放置钢筋网→立模支撑→灌混凝土→现场清理。

(1)清除已破损部分,并洗净灰尘。边缘也应修凿整齐,凿深不少于3cm。

(2)埋设牵钉,其直径为16~25cm,根据破损深度选用。牵钉间距在纵横方向均不得大于50cm。埋设方法为打眼,冲洗孔眼,孔内灌注满水泥砂浆,插入牵钉。

(3)放置钢筋网,在固定牵钉的砂浆凝固后进行钢筋网内牵钉锚定(图7.6-2)。钢筋网一般用直径12mm的钢筋制成,网孔为20cm×20cm。

图7.6-2　表面局部修补示例

(4)按墩台构件轮廓线立模,并支撑。

(5)灌混凝土。如有喷射混凝土设备时,也可采用喷射混凝土的方法进行修补。

7.6.3.3　质量检验要点

(1)材料的质量和性能符合现行相关标准、规范的规定,满足设计要求。

(2)混凝土表面平整、光洁,棱角线平直。

7.7　桥头搭板沉降处治工艺

7.7.1　病害示例

桥头搭板沉降示例见图7.7-1。

图7.7-1　桥头搭板沉降示例

7.7.2 病害处治工艺

7.7.2.1 适用范围

桥头搭板不均匀沉降。

7.7.2.2 施工工艺

工艺流程:施工准备→铣刨→清理杂物→摊铺→碾压→开放交通。

(1)对沉降部分的高程进行测量,确定维修范围。

(2)铣刨相对沉降路面,清除路面碎屑、灰尘。

(3)摊铺抗滑沥青混合料(规格等同上面层)。

(4)碾压结束,沥青面层温度降到50℃以下后开放交通。

(5)沥青混凝土路面摊铺压实。

7.7.2.3 质量检验要点

(1)平整度、横坡应符合规范要求。

(2)混合料碾压指标应合格。

(3)排水应良好。

7.8 桩头破损、缩颈、钢筋外露处治工艺

7.8.1 病害示例

桩头缩颈、钢筋外露示例见图7.8-1。

图7.8-1 桩头缩颈、钢筋外露示例

7.8.2 病害处治工艺

7.8.2.1 适用范围

桩头破损、缩颈、钢筋外露等。

7.8.2.2 施工工艺

工艺流程:施工准备→筑围堰抽水→开挖基坑→凿除松散混凝土→钢筋除锈→冲洗混凝土结合面→基坑底部浇筑混凝土垫层→桩基上植筋,绑扎主筋、箍筋→支模并浇筑混凝土→拆模后养生→现场清理。

(1)施工时间选择在河流枯水期,尽量减小围堰的工程量,降低基坑支护的难度。对于河面较宽的河道,可以分两次进行导流围堰。

(2)筑围堰拦截流水,将围堰内水抽干。

(3)在桩基础周围挖基坑,同时进行基坑支护。

(4)挖到加固设计深度后,凿除松散混凝土,直至露出密实干净的混凝土。

(5)对露出的钢筋除锈并涂抹环氧树脂进行防锈,对整个混凝土结合面使用高压水枪冲刷干净,以保证新旧混凝土的结合牢固。

(6)在基坑底部浇筑混凝土垫层,提供作业面。

(7)在凿好的桩基上植筋,围绕桩基绑扎主筋、箍筋。

(8)支护筒模板,浇筑混凝土。

(9)拆除模板后养生。

(10)清理现场,回填,恢复河道原状。

7.8.2.3 质量检验要点

(1)结构尺寸应满足设计要求。

(2)混凝土表面应平整密实。

(3)桩顶面应平整,桩柱连接处应平顺。

7.9 墩台基础局部掏空处治工艺

7.9.1 病害示例

墩台基础局部掏空示例见图7.9-1。

图7.9-1 墩台基础局部掏空示例

7.9.2　病害处治工艺

7.9.2.1　适用范围

墩台基础局部悬空。

7.9.2.2　处治方式

墩台基础局部悬空时,可分情况参考下列加固措施:

(1)水深3m以下,可筑围堰将水抽干,以砌石或混凝土填补冲空部分。桥台基础采用上述方法加固时,还应修整或加筑护坡。

(2)水深3m以上,可在基础四周打板桩或做其他围堰,灌注水下混凝土。也可用编织袋装干硬性混凝土(每袋装量为袋容积的2/3),通过潜水作业,用袋装混凝土分层填塞冲空部分,填塞范围比基础边缘宽0.4m以上。

(3)当基础置于风化岩层上,基底外缘已悬空时,应先清除岩层严重风化部分,再用混凝土填补。对基础周围的风化岩层还应用水泥砂浆进行封闭。

(4)当河床不稳定、基础埋置较浅、冲刷范围较大时,可采用平面防护加固,其范围要覆盖全部冲刷坑,方法如下:①打梅花桩,桩间用块、片石砌平卡紧;②用块、片石防护或用水泥混凝土板、水泥混凝土预制块防护;③用铁丝笼、竹笼等柔性结构防护。

(5)墩台周围河床冲刷严重、危及基础安全时,除分别采用上述方法进行防护加固外,还应在洪水期过后,采取必需的调治构造物防护措施,或对河床采取防冲刷处理,以防再次被冲坏。

7.9.2.3　质量检验要点

处治应彻底,河床应稳定。

7.10　伸缩缝锚固混凝土开裂、破损处治工艺

7.10.1　病害示例

伸缩缝锚固混凝土开裂、破损示例见图7.10-1。

a)锚固混凝土开裂

b)锚固混凝土破损

图7.10-1　伸缩缝锚固混凝土开裂、破损示例

7.10.2 病害处治工艺

7.10.2.1 适用范围

锚固混凝土开裂、破损。

7.10.2.2 施工工艺

工艺流程:施工准备→凿除作业面→清理作业面→调制拌合料→浇筑混凝土→养生→开放交通。

(1)限制车辆通行。

(2)除凿开裂、破损的锚固区混凝土(若邻近区域内的原补强混凝土强度较低且质量较差,则需要一并凿除)。

(3)检查原锚固区内的伸缩缝预埋钢筋,若发现缺失应植筋增补。

(4)原伸缩缝内横向预埋钢筋若发生断裂,则应按照等强度原则进行补强,且补强钢筋与原钢筋搭接接头不得位于行车道内。

(5)在伸缩缝修复位置旁铺铁板铺料,如拌和料数量较大,可分多次进行干料搅拌,在加水搅拌前将所有干料拌好。

(6)浇筑混凝土至已清理好的伸缩缝破损位置,将其摊平。

(7)用平板振或振捣棒振捣密实。

(8)在初凝前压实抹平。

(9)混凝土强度符合要求后开放交通。

7.10.2.3 质量检验要点

(1)混凝土的强度应符合设计及规范要求。

(2)伸缩缝处不得积水。

(3)伸缩缝应无阻塞、渗漏、变形、开裂现象。

7.11 伸缩橡胶止水带损坏处治工艺

7.11.1 病害示例

止水带损坏示例见图 7.11-1。

7.11.2 病害处治工艺

7.11.2.1 适用范围

止水带老化开裂,外力导致破损。

7.11.2.2 施工工艺

(1)限制车辆通行,采取半边施工、半边通行(或半幅施工,借道行驶)。

a) 止水带破洞

b) 止水带损坏

图 7.11-1　止水带损坏示例

(2)清洁止水带破损处,涂抹胶黏剂,粘补橡胶。

(3)将破损的止水带取下,将新止水带换上。

7.11.2.3　质量检验要点

(1)止水带应无渗漏。

(2)止水带橡胶应顺直。

7.12　伸缩缝钢梁开裂、断裂处治工艺

7.12.1　病害示例

伸缩缝钢梁开裂、断裂示例见图 7.12-1。

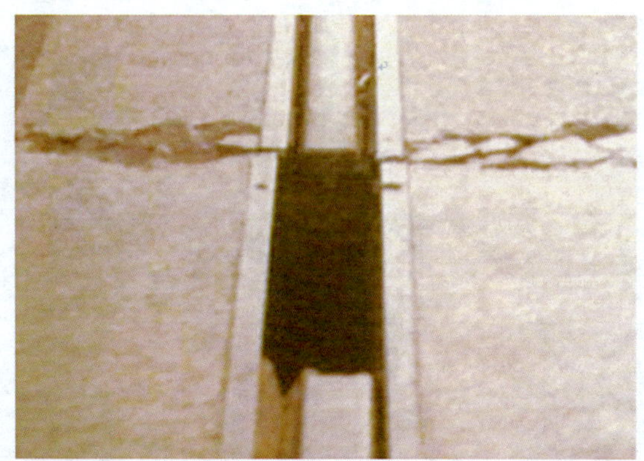

图 7.12-1　伸缩缝钢梁开裂、断裂示例

7.12.2　病害处治工艺

7.12.2.1　适用范围

伸缩缝钢梁断裂后的修复、更换。

7.12.2.2　施工工艺

工艺流程:施工准备→凿除作业面→清理作业面→复位焊接→浇筑混凝土→养生→开放交通。

(1)限制车辆通行。

(2)当伸缩缝钢梁断裂时,为避免病害继续扩展,可垫铺钢板临时处治,并立即安排维修。裂缝轻微时,可进行焊接维修;病害严重时立即上报相关部门,尽快安排专业人员对伸缩缝进行整体更换。

(3)凿除病害伸缩缝锚固区混凝土(若邻近区域内的原补强混凝土强度较低且质量较差,则需要一并凿除),用吹风机将施工界面内碎屑、浮灰吹干净。

(4)对伸缩缝锚固钢筋进行复位、补强、焊接、整理。

(5)浇筑混凝土。

(6)混凝土养生。

(7)混凝土强度符合要求后开放交通。

7.12.2.3　质量检验要点

(1)焊接要牢固。

(2)伸缩缝锚固应牢靠,伸缩性能有效。

(3)混凝土的表面高程符合设计要求,防止跳车。

(4)伸缩缝两侧混凝土的类型和强度符合设计要求。

7.13　顶升更换支座

7.13.1　处治示例

顶升更换支座示例见图7.13-1。

图7.13-1　顶升更换支座示例

7.13.2 病害处治工艺

7.13.2.1 适用范围

支座严重损坏,功能失效。

7.13.2.2 施工工艺及控制要点

顶梁宜按整联进行,顶升装置(如千斤顶)可设置在桥墩或其他稳定的反力设施上,应根据其吨位和梁跨结构的受力特点在纵、横桥向合理布置。确保顶升过程中各顶升装置协调同步,并注意控制顶升速度。采用带锁定功能的同步千斤顶进行顶梁施工的主要工艺如下。

1)施工准备工作

(1)墩、台帽顶基面清理。凿除基面凸起部分,并清除破碎松散混凝土渣。拟安放千斤顶位置如存在钢筋头,应予以割除并处理至低于混凝土表面。

(2)顶升系统的调试安装。顶升系统采用位移和顶升压力双控作为顶升控制依据,可采用位移电子传感器进行位移采集,可采用压力传感器进行压力采集。顶升前应单一和统一调试各控制系统,以保证顶升过程正常进行。

(3)监测设备的安装。监测设备为顶升系统的配套设备,可以采用压力传感器、位移传感器、百分表等。位移传感器的安装位置必须在支顶千斤顶位置附近,距离以最近的距离控制,以真实反映顶升过程中的位移情况。压力传感器应配套安装,真实反映千斤顶所承受的压力数值。同时可在梁底安装百分表作为辅助位移控制和纠正控制措施。

(4)顶升前系统不同人员排异检查。顶升系统安装完成后应保证两人以上的排异检查,且应保证两人的排异检查的时间、工况等的隔离性,以保证顶升系统能真实反映顶升过程中的情况。排异检查的专业技术人员检查完毕后应各自出具检查报告给现场施工负责人。

(5)人员工作细致分工。顶升前应对参加顶升的管理人员和操作人员进行明确的分工,并进行分工岗位的书面技术交底。书面交底内容应包括组织机构、分工岗位、岗位职责、紧急频道处理信号、信息渠道常用术语及施工禁止事项等。

(6)信息反馈及传递渠道检查。顶升信息的传递宜采用手持对讲机。顶升前应统一至施工当地未禁止的频道。检查每部对讲机。应明确频道的禁止语、紧急语、急令等关键语言。

(7)进场工人安全教育及安全防护措施。顶升前应对每个参加顶升人员进行现场安全教育,强调安全的必要性、严格性、全员性、责任性。

(8)其他准备工作。顶升前应检查顶升施工处的桥面联系,并安排专业人员对桥面进行监控,避免顶梁过程中桥面出现开裂等异常状况。

2)顶升

(1)预顶升(以梁体顶起 3mm 为宜)。预顶升主要目的为消除顶升系统可能出现的问题,如油路接头漏油、油泵压力不够等,同时消除顶升过程中可能出现的非弹性变形。预顶升应确保在顶升中梁体同步被顶起,并应持荷5min以上再卸载。卸载后应认真检查系统的各控制系统及表观现象,检查重点有:所有油路有无漏油现象、千斤顶有无异常现象、供电线路的表观磨损等。卸载后还应认真检查千斤顶上下钢垫板(若采用垫板调整千斤顶位置)有无变形,必要时可调整钢板的厚度以满足顶升要求;认真检查千斤顶放置位置下的结构物有无区别于顶升前的现象,如存在,应认真查出原因后方可正式顶升,严禁情况未明时继续进行顶升。卸载后,应立即组织沟通会议,及时协调处理出现的问题,明确组织机构、信息传递及反馈等过程控制中有无须再次强调及改进的事项等。

(2)顶升至有效高度。经现场再次确认千斤顶无移位等现象后,方可继续顶升操作。最大顶升高度宜控制在3mm内,以能满足支座进出为准。应注意顶升过程中千斤顶不可顶升至最大行程高度,一般最大施工行程控制为千斤顶容许行程的70%~80%。

(3)落梁。落梁程序与顶升程序相反,应严格执行其程序。落至支点承载以后应注意位移和压力传感器所示数据、各千斤顶减速是否一致、位移变化是否一致,相差过大时应找出原因。

(4)顶梁系统的安全拆移。顶梁系统的拆移应安全、有序,同时应注意保护仪器、设备。

(5)其他注意事项。施工中应特别重视施工安全保障措施;对进场的支座的规格、性能要逐个进行检查,确保其规格、性能合适;支座垫石完成修补后,顶面应处治平整,待修补材料形成强度后方可落梁。若支座更换和垫石修补时间较长,可采用临时支撑措施,临时支撑的设置应科学合理,不影响支座更换和垫石修补的施工操作。临时支撑的拆除应结合落梁进行,注意安全、有序。

(6)楔形钢板的制作工艺。仔细测量待调整支座局部脱空的位置及大小;设计垫块几何尺寸,确定楔形高度;切割不锈钢板,加工至符合要求的几何外形;清洁不锈钢板表面,采用环氧树脂逐层粘贴不锈钢板成设计的楔形;待环氧树脂形成强度后,可对垫块楔入端进行打磨、锐化。

7.13.2.3 质量检验要点

查看垫板与支座间的平整密贴度,支座四周不得有0.3mm以上的缝隙。

7.14 锥(护)坡损坏处治工艺

7.14.1 病害示例

锥(护)坡损坏示例见图7.14-1。

7.14.2 病害处治工艺

7.14.2.1 适用范围

锥(护)坡损坏。

图 7.14-1 锥(护)坡损坏示例

7.14.2.2 施工工艺

工艺流程:施工准备→清除杂物→开挖台阶→回填土并夯实→铺六边形预制块→块内回填种植土→打入活木桩、植草、散植灌木→清理现场。

(1)清除坡面杂物。

(2)自下而上开挖台阶,台阶宽度不小于1m,向内倾斜4%的坡度。

(3)回填土并夯实后,满铺C30混凝土六边形预制块进行防护。

(4)块内回填种植土,并打入活木桩,植草,散植灌木。活木桩采用三年生直径5~8cm的树木,长1m,把木桩底端剔成45°斜口,然后在浓度为1∶100的生根粉水液体中浸泡1min后取出,打入土中70cm,然后浇水保温。

(5)锥坡表面横向每隔5~8m设置一道宽40cm、厚35cm的M7.5浆砌片石加强肋;竖向在锥坡中部设置一道宽40cm、厚35cm的M7.5浆砌片石加强肋。

(6)若锥坡内回填砂性土,也可采用注浆方法加固锥坡。

桥头锥坡损坏主要原因是锥坡填土在长期经受雨水浸泡后,土体抗剪强度下降,在自重作用下产生滑移。病害处治时应着重注意两方面:封水和固土。维修可采用六边形预制块护坡与活木桩固土植草护坡的结合方案。

7.14.2.3 质量检验要点

(1)所用材料的质量和规格应符合有关规定。

(2)表面应规整。

8　桥梁养护工程组织与实施

8.1　养护计划制定

区县中心应按规定频率对桥梁进行日常巡查、经常检查。

定期检查由山东省交通运输事业服务中心(以下简称“省中心”)统一委托专业单位实施,检测单位根据定期检查结果提出养护建议。区县中心根据检查评定结果提出养护工程建议计划,上报日照市公路事业发展中心(以下简称“市中心”)。

养护工程维修计划依据日常巡查、经常性检查、定期检查报告数据及相关规范制定,内容包括桥梁养护、养护需求、养护筛选、资金决策等。

养护工程维修计划制定流程为:由区县中心(养护单位)将养护工程建议计划上报市中心,市中心统筹全市管辖桥梁养护工程建议计划并上报省中心,省中心依据财政批复资金,根据桥梁服役性能、养护投资效益分析、养护质量要求等作养护科学决策,将维修计划下发至市中心,市中心再将养护工程维修计划下发至区县中心。养护工程维修计划制定流程见图 8.1-1。

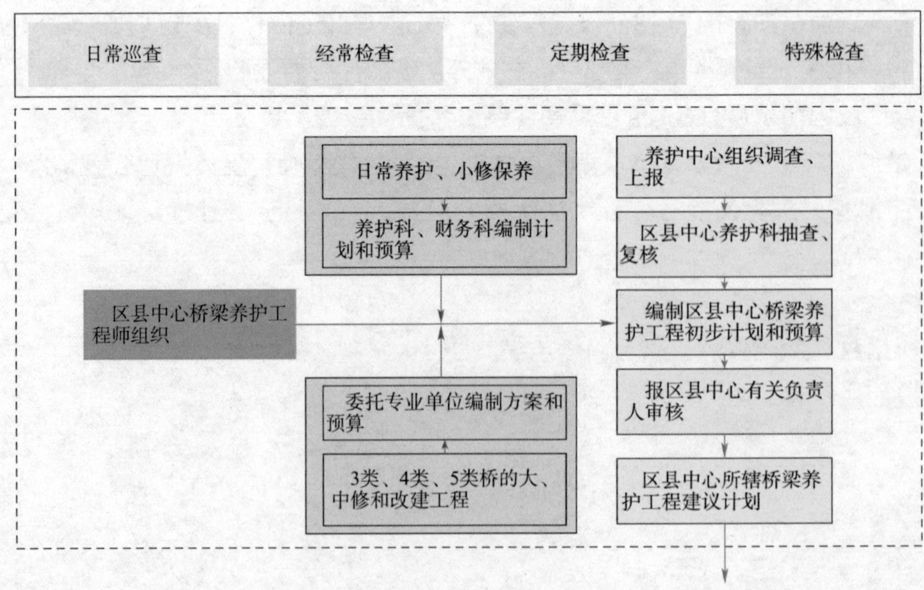

图　8.1-1

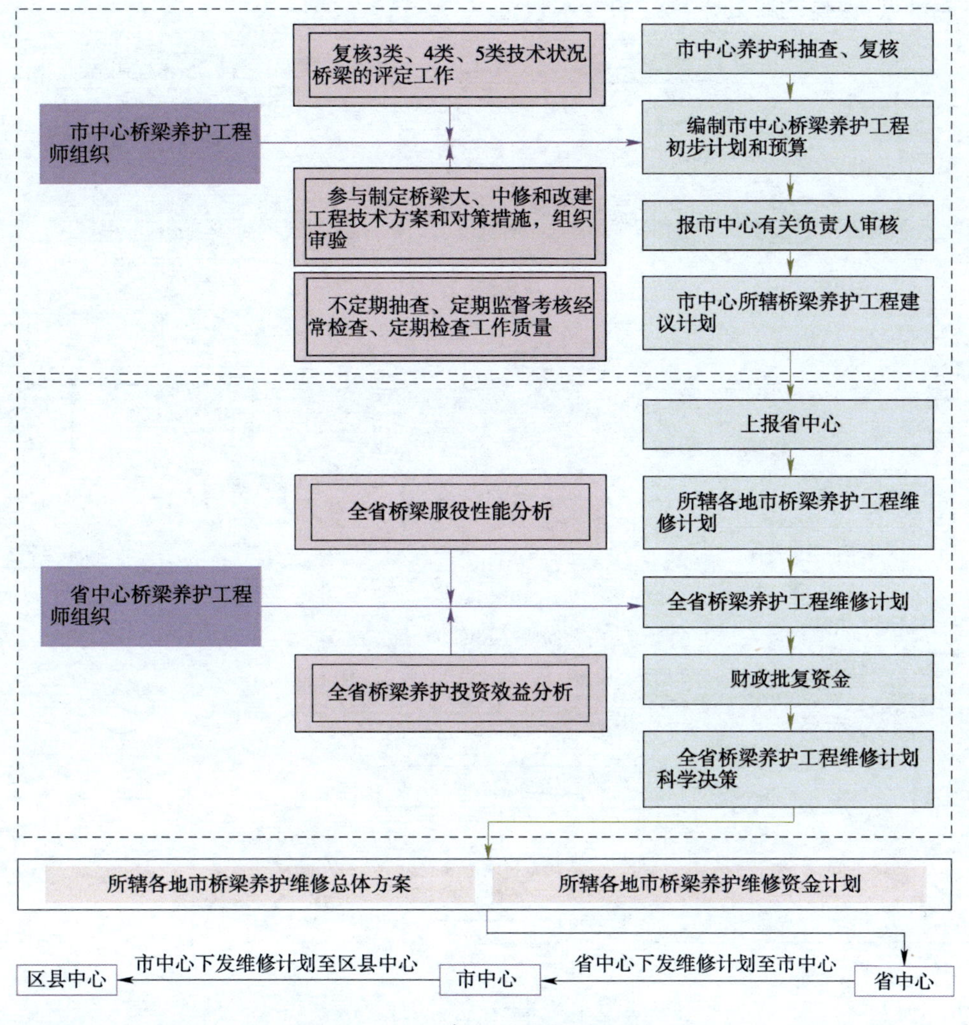

图 8.1-1　养护计划制定流程

8.2　养护实施流程

8.2.1　总体流程

日照市普通国省道公路桥梁养护实施分为预防性养护、修复养护、专项养护、应急养护四大类。养护实施总体流程如图 8.2-1 所示。

8.2.2　预防性养护

8.2.2.1　一般规定

(1)桥梁预防性养护应贯彻“预防为主、防治结合”的方针，以桥面系养护为中心，以承重部件为重点,保持桥梁处于良好的技术状况。

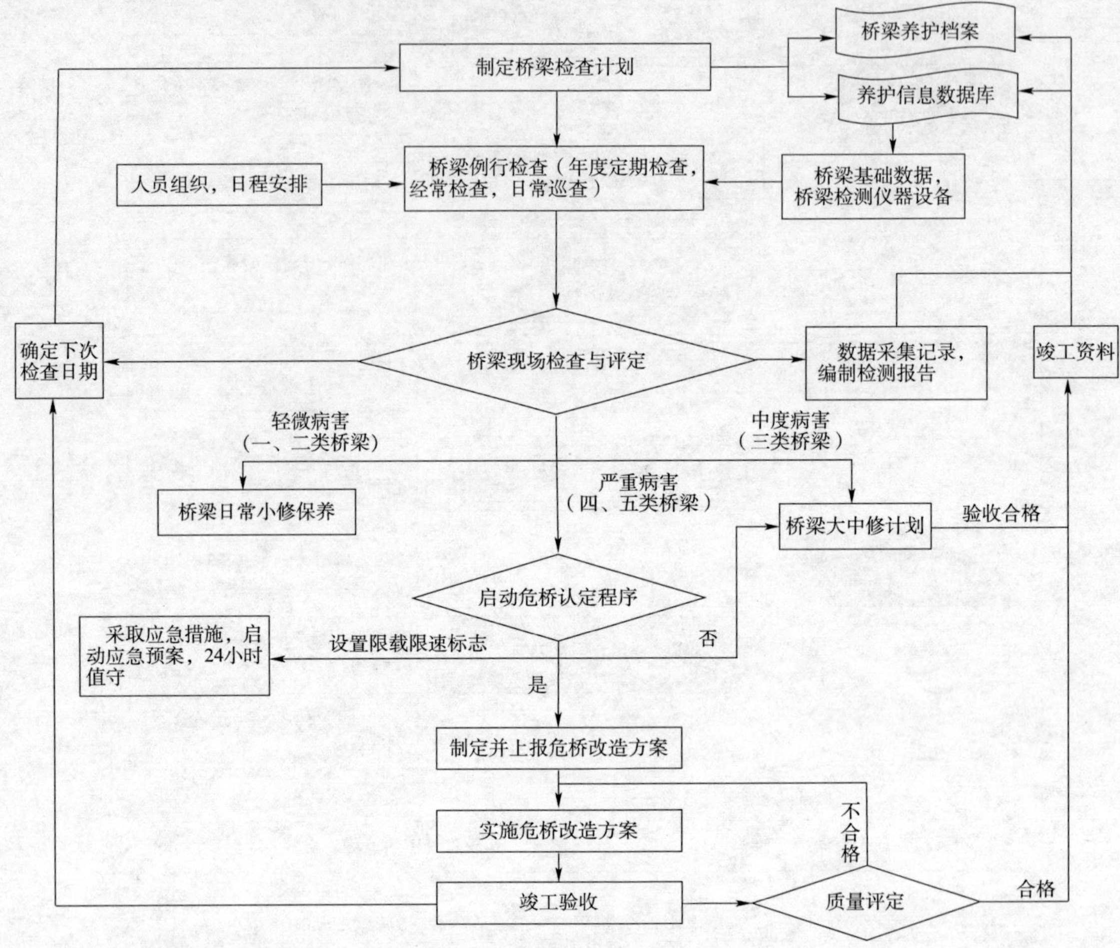

图 8.2-1　养护实施总体流程

(2)桥梁预防性养护应首先处理已有病害,然后采取措施预防可预见病害产生,从而提高桥梁结构的耐久性。

8.2.2.2　预防性养护时机

当桥梁病害满足下列情况之一时,应进行预防性养护:

(1)新建桥梁交付使用1年后,第一次全面检查技术状况评定等级为1类、2类时的非结构性病害。

(2)已建桥梁定期检查过程中技术状况评定等级为1类、2类时的非结构性病害。

(3)桥梁构件定期检查过程中评定标度为1度、2度和3度时的非结构性病害。

(4)桥梁部件定期检查过程中技术状况评定标度为1类、2类和3类时的非结构性病害。

8.2.2.3　预防性养护措施

上部结构常用预防性养护措施、下部结构常用预防性养护措施、桥面系常用预防性养护措施见表8.2-1~表8.2-3。

上部结构常用预防性养护措施　表 8.2-1

<table>
<tr><th>病害类型</th><th colspan="2">主要病害原因</th><th>常见处理措施</th></tr>
<tr><td>蜂窝、麻面；
剥落、掉角；
空洞或孔洞</td><td colspan="2">施工工艺控制不严。集料的级配、混凝土配合比设计不合理，混凝土拌合物和易性欠佳，拌和不均匀，运输时间较长导致易分层离析，混凝土振捣不密实、钢筋过密，外界冲击作用，保护层过薄</td><td>凿除表面松散混凝土，采用聚合物水泥混凝土（砂浆）或改性环氧混凝土（砂浆）等材料，采用灌注、挤压、涂抹等方法修复；混凝土表层采用丙烯酸类或硅烷类涂料进行防护</td></tr>
<tr><td>钢筋锈蚀</td><td colspan="2">保护层受到破坏或保护层厚度不足，钢筋在周围有害环境作用下锈蚀，钢筋锈蚀产生的裂缝均沿钢筋方向</td><td>凿除锈蚀钢筋表层混凝土，涂刷渗透性阻锈剂；采用聚合物水泥混凝土（砂浆）或改性环氧混凝土（砂浆）等材料，采用灌注、挤压、涂抹等方法修复；混凝土表层采用丙烯酸类或硅烷类涂料进行防护</td></tr>
<tr><td>混凝土
非结构性裂缝</td><td colspan="2">由温度变化、混凝土收缩等因素引起的变形，在结构构件内部产生自应力，当此自应力超过混凝土允许拉应力时，产生裂缝</td><td>采用改性环氧基注浆料或改性水泥基注浆料进行封缝；小于 0.15mm 的裂缝采用表面封闭处理；大于或等于 0.15mm 的裂缝采用灌浆料进行灌注；裂缝较密集或出现超限裂缝时，可采用粘贴碳纤维网格对结构表面进行修复</td></tr>
<tr><td>钢构件涂层脱落、龟裂、劣化、锈蚀</td><td colspan="2">环境因素</td><td>除锈后重新涂装</td></tr>
<tr><td>圬工拱桥主拱圈砌体开裂、剥落</td><td colspan="2">开裂主要是由不均匀沉降导致；剥落则多由石块风化导致</td><td>采用改性环氧基注浆料或改性水泥基注浆料进行封缝；对剥落处进行修补或更换砌体</td></tr>
<tr><td>圬工拱桥
砌缝砂浆剥落</td><td colspan="2">勾缝前未进行适当的开缝和刮缝处理，勾缝砂浆不平，深浅不一致，竖缝挤浆不严，或养护不到位</td><td>对砌缝、勾缝脱落处采用水泥砂浆重新勾缝</td></tr>
<tr><td rowspan="5">支座</td><td>老化变质、开裂</td><td>橡胶支座橡胶老化，性能达不到要求；橡胶支座达到使用寿命</td><td rowspan="4">（1）检查、处理原支座垫石的缺陷，使结构完好，顶面高程及平整度符合要求。
（2）钢垫板做防锈处理。
（3）更换支座</td></tr>
<tr><td>剪切变形</td><td>橡胶支座力学性能达不到要求；车辆荷载所致</td></tr>
<tr><td>局部或全部脱空</td><td>施工工艺控制不严</td></tr>
<tr><td>活动支座滑动面不平整，生锈、咬死</td><td>钢垫板未做防锈处理；未涂抹硅油或未及时更换硅油；施工工艺欠佳</td></tr>
<tr><td>钢垫板锈蚀</td><td>钢垫板未做防锈处理；外界腐蚀性环境影响</td><td>钢垫板做除锈处理，并涂刷阻锈剂</td></tr>
</table>

桥梁下部结构常用预防性养护措施　　表 8.2-2

构件	病害类型	病害原因	处理措施
盖梁、墩台	剥落、露筋、胀裂	受外界腐蚀性环境影响	凿除表面松散混凝土,采用聚合物水泥混凝土(砂浆)或改性环氧混凝土(砂浆)等材料修复,外层刷防腐涂料进行防护
	裂缝	未超限的竖向或水平裂缝多为施工原因造成	封闭裂缝;对裂缝进行观测
墩台基础	冲刷、掏空	挖沙导致桥位处河床高程下降;受洪水作用;防冲刷构造物失去作用或达不到预定的防护功能	以砌石或小石子混凝土修复掏空部分;增设或修复防冲刷构造物,可采用浆砌片石防护;对裸露的桩基外包钢筋混凝土护裙
翼墙、台后挡土墙	鼓肚、砌体松动	台背填土遇水膨胀产生鼓肚;砌体强度不足;超过设计荷载的车辆荷载	(1)由于桥台台背填土遇水膨胀而鼓肚,应挖除膨胀土,检修排水设施,填以砂砾土,修好损坏面。 (2)属于砌体质量不良的,应凿去鼓肚部分,重新砌筑

桥面系常用预防性养护措施　　表 8.2-3

构件	病害类型	病害原因	处理措施
混凝土桥面铺装	磨光、脱皮、露骨	重车荷载及环境因素影响	采用局部修补、局部(全部)铣刨重铺等适当的方法进行处理
	错台		
	坑洞		
沥青桥面铺装	变形(车辙、推移)	重车荷载、渠化交通及酸雨等恶劣环境因素影响	
	波浪拥包		
	泛油		
	坑槽		
桥面连续	墩顶横桥向裂缝	简支板间纵向铰接联系较薄弱,反射到桥面形成裂缝	采用弹性材料进行灌缝处理
伸缩缝	橡胶止水条破损	橡胶老化;结构水平位移	更换破损的橡胶止水条
	锚固混凝土开裂、破损	车辆荷载冲击作用	凿除破损混凝土,重新浇筑
	钢构件破损、松动		修复
栏杆、护栏	栏杆锈蚀	环境因素	对锈蚀的护栏、栏杆进行除锈处理

8.2.2.4 预防性养护流程

预防性养护流程见图 8.2-2。

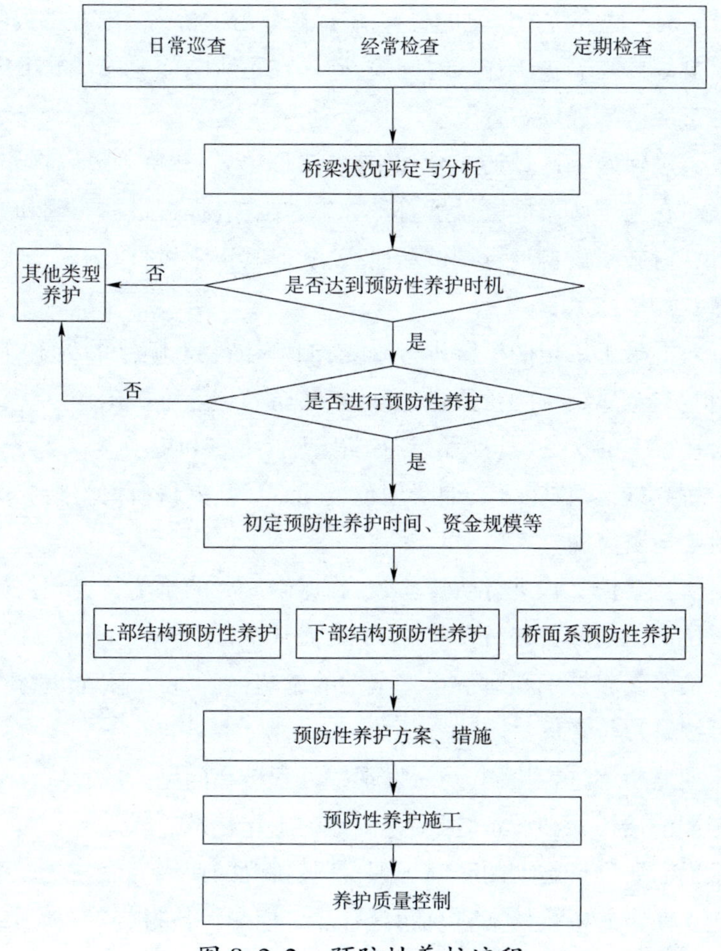

图 8.2-2 预防性养护流程

8.2.3 修复养护

8.2.3.1 前期准备与检测评估

制度建设:建立养护管理制度,明确养护工作的责任主体、工作流程和质量标准。

团队组建:组建专业的养护团队,包括技术人员、施工人员等,并进行必要的培训和指导。

设备准备:根据养护需求,准备必要的施工设备和工具,如检测仪器、维修材料等。

结构检测:使用非破坏性检测技术(如超声波、磁粉探伤等)对桥梁结构进行检测,确定裂缝、腐蚀等问题的位置和程度。

荷载评估:分析桥梁的设计荷载与实际交通需求是否匹配,评估桥梁的承载能力。

环境评估:考虑水文条件、风速等环境因素对桥梁的影响,制定相应的保护措施。

8.2.3.2 制定修复养护方案

修复方法选择:根据检测评估结果,选择合适的修复方法,如补丁修复、喷涂混凝土、金属结构更换等。

建筑材料选择:确定适合桥梁修复的材料,确保修复后的桥梁具有足够的强度和耐久性。

施工时间表:规划修复养护工作的时间表,确保在不影响交通的情况下完成工程。

8.2.3.3 施工准备与现场布置

清理施工现场:确保施工区域的安全和便捷,清理垃圾、杂草等障碍物。

设置警示标志:在施工区域周围设置警示标志和围挡,提醒过往车辆和行人注意安全。

施工设备调试:对施工设备进行调试和检查,确保其正常运行。

8.2.3.4 修复养护施工

混凝土修复:对混凝土结构的桥梁进行修复,如填补裂缝、喷涂混凝土等。

金属结构维护:对金属结构的桥梁进行刷漆、防腐处理等维护工作。

设备维修:对桥梁上的设备(如照明、监控等)进行维修和更换。

清洁保养:对桥梁进行清洁工作,如清理垃圾、除草等,保持桥梁整洁和美观。

8.2.3.5 验收与监督

质量验收:对修复养护工程进行质量验收,确保修复后的桥梁符合相关标准和要求。

功能测试:对桥梁上的设备进行功能测试,确保其正常工作。

安全评估:评估修复养护工程对桥梁安全性的影响,确保桥梁安全运行。

8.2.3.6 后续维护与管理

定期检测:定期对桥梁进行检测,及时发现并处理潜在问题。

清洁保养:定期清洁桥梁和设备,保持其良好的工作状态。

防腐处理:根据需要进行定期的防腐处理,延长桥梁的使用寿命。

档案管理:建立完善的桥梁档案,包括养护记录、检测评估报告等,为后续的养护工作提供参考。

8.2.4 专项养护

专项养护流程参照修复养护。

专项养护工程的手段应更加全面深入,以确保桥梁的安全性和恢复其正常使用功能。首先应结合桥梁的设计资料、历史维修记录等信息,对桥梁结构进行特殊检查和结构评估,之后应制定专项养护方案,根据检测和评估结果,组织专家团队制定详细的专项养护方案。方案应包括养护目标、养护内容、养护方法、材料选择、施工工期、安全措施等。再开展专项养护,包括加固、修复、更换等。最后应组织质量验收(包括养护工程的完成情况、施工质量、安全性能等方面)和后期监测,确保养护工程达到设计要求和质量标准。

8.2.5 应急养护

对于管养单位而言,需要从应急检查、应急处置、应急养护各个方面均采取响应措施,才能做好应急养护工作。

8.2.5.1　应急检查

因突发事件造成公路基础设施损毁、交通中断或产生重大安全隐患时,进行应急检查。

1)应急检查范围

应急检查后应对公路受损范围、基础设施损毁类型和程度、路段及路网通行条件等进行调查,必要时应开展结构物承载能力和抗灾能力等专项检查、地质和水文等勘察。因突发事件造成结构物明显受损或存在重大安全隐患时,需查明其承载能力和抗灾能力,判断其能否继续使用或能否经加固后继续使用,故规定必要时应开展专项检查和勘察。

2)应急检查成果

应急检查后应编制应急检查报告,分析基础设施损坏状况、成因及范围,评估受损基础设施技术状况、安全性和修复可行性,提出抢通、保通和抢修等应急养护工程技术方案建议。

8.2.5.2　应急处置

1)应急预案与应急演练

桥梁养护应根据可能发生的突发事件特点、事故风险类型及大小等,编制相应的专项应急预案或现场处置方案,并定期组织应急演练。

桥梁养护面临可能发生自然灾害和生产安全事故等突发事件的风险。根据应急管理部《生产安全事故应急预案管理办法》,当存在某一种或者多种类型的事故风险时,生产经营单位可编制相应的专项应急预案,或将专项应急预案并入综合应急预案;对于危险性较大的场所、装置或者设施,生产经营单位应当编制现场处置方案。

2)应急救援人员、物资

桥梁养护应建立应急救援队伍或指定兼职的应急救援人员,配备必要的应急救援器材、机械设备和物资,并应经常维护和保养。

8.2.5.3　应急养护

应急养护是因突发事件造成公路基础设施损毁、交通中断或产生重大安全隐患时,为较快恢复安全通行而实施的应急性抢通、保通和抢修等工程。

根据交通运输部《公路养护工程管理办法》(交公路发〔2018〕33 号)及相关规范规定,应急养护工程可按技术方案组织实施;应结合应急检查报告提出应急养护工程技术方案建议,作为确定技术方案的依据。

应急养护工程应按“先抢通、后修复,先干线、后支线,先路基桥梁、后路面工程”的原则安排施工作业,并应符合下列要求:

(1)经加固或支护可继续使用的结构物,应采取应急加固或支护措施。

(2)一时难以修复的路段,应根据恢复交通的需要和现场条件组织抢修临时通行便道和便桥。

(3)应急抢通、保通和抢修工程应与灾后恢复工程相结合。

(4)施工期间应对车辆和行人采取疏导、限制通行或禁止通行等措施。

(5)施工期间存在次生灾害风险时,应进行灾害监测和施工监测。

8.3 常用养护机械、仪器设备

区县中心应根据管养职责划分及辖区内桥梁情况,配备常用养护机械设备,现列出部分典型设备供参考。

8.3.1 小型铣刨机

小型铣刨机(图8.3-1)主要用于道路边缘、起始点、检查井及构筑物周边的铣刨挖除工作,铣刨宽度0.5~1m,铣刨深度10cm。

图8.3-1 小型铣刨机

8.3.2 大型铣刨机

大型铣刨机(图8.3-2)主要用于路面及基层挖除,适用于宽度大于2m、挖除深度大于4cm。采用精细铣毂时,可进行路面拉毛和精细铣刨。配合载重汽车同步施工,将挖出的旧料通过传送带运至载重汽车。

8.3.3 扫路车

扫路车(图8.3-3)可用于清扫道路和街道的垃圾和灰尘,保持环境卫生整洁,具有清扫宽度大、清扫速度快、扫净度高、扫刷更换方便、作业效率高等特点。扫路车通过机械化的方式,有效替代了传统的人工清扫,大大提高了清洁效率和质量,扫路车的喷水功能能有效防止清扫时产生的灰尘飞扬,进一步提升了清扫效果。不论晴天、雨天、寒冷冬季均能作业,实现全天候作业。

图 8.3-2 大型铣刨机

8.3.4 灌缝机

灌缝机(图 8.3-4)可用于修复桥面初期通车后出现的裂缝及大中修后新出现的裂缝,通过开槽机开槽后,用密封胶灌缝,以确保道路的整体使用性能,延长结构的使用寿命。

图 8.3-3 扫路车

图 8.3-4 灌缝机

8.3.5 沥青洒布车

沥青洒布车(图 8.3-5)是装备有保温容器、沥青泵、加热器和喷洒系统,用于喷洒沥青的罐式专用作业汽车;也可以定义为一种喷洒热态沥青、乳化沥青、渣油等液态沥青的路面施工机械。沥青洒布车主要用于沥青贯入法表面处治,透层、黏层、混合料就地拌和,沥青稳定土等施工和养护工程。

8.3.6 液压工作站

车载式小型液压工作站(图 8.3-6)可为液压镐、切割、破损等现场工作提供动力,适用于道路的零星坑槽、小面积病害的修复。

图 8.3-5　沥青洒布车

图 8.3-6　液压工作站

8.3.7　小型夯实工具

小型夯实工具(图 8.3-7)用于零星病害或小面积病害的压实。冲击夯可用于基层、基层边缘或构筑物周边压实;平板振动夯适用于沥青面层小面积病害的压实。

图 8.3-7　小型夯实工具

8.3.8　清扫车

清扫车(图 8.3-8)用于路面清表和铣刨后的清底工作。

8.3.9　摊铺机

摊铺机(图 8.3-9)用于道路面层摊铺。大型摊铺机使用宽度为 3 ~ 10m,小型摊铺机最小宽度为 1.8m。现场条件允许时,宜尽量选用大型设备。

图 8.3-8 清扫车

图 8.3-9 摊铺机

8.3.10 压路机

压路机(图 8.3-10)是可用于修筑路面和压实土壤的重型机械设备,主要用于修复路面的坑洼、裂缝和凹陷等缺陷,通过压实和平整操作,恢复道路的平整度和安全性。

图 8.3-10 压路机

8.3.11 充气橡皮艇

充气橡皮艇(图 8.3-11)可用于对跨河桥梁的桥墩、梁底等下部结构进行日常检查、经常检查。充气橡皮艇具有速度快、易操作、方便运输等特点,能充分发挥其安全、快速的优势,提高桥梁检查效率。此外,还能够用于救援任务。

8.3.12 照相机

照相机(图 8.3-12)可作为一种非接触式的监测工具,能够高效地捕捉桥梁的实时图像,为工程师提供直观的视觉信息,以便及时发现桥梁的病害、缺陷、塌陷等问题。

图 8.3-11 充气橡皮艇

图 8.3-12 照相机

9 行车管理及超重车辆过桥管理

9.1 行车管理规定

(1)桥头应设限载标志。

(2)按照现行《公路桥涵设计通用规范》(JTG D60)等规范有关汽车荷载的规定,超限运输车辆过桥时,应实行向有关管理部门申报的制度。

(3)禁止履带车、铁轮车或其他可能损伤桥面的车辆直接过桥通行;如遇特殊紧急情况必须通过时,须事先经监管单位批准并采取防护措施(如在履带下垫5cm厚硬木板等,避免履带直接作用于桥面)后方可通行。

(4)对起重机和路灯检修车上桥作业的限制:

①起重机或检修车上桥作业时,起重机的支腿下须垫厚度大于5cm的硬木板(宽不得小于40cm,长不得小于50cm),以免损伤桥面铺装层。

②严禁起重机或检修车等其他机械在桥面作业时抛洒柴油、汽油,以免损坏桥面铺装层。

(5)运营中应加强管理,严格限制超重车辆过桥。特殊情况必须过桥时应遵守超重车过桥的管理规定,以防止因突然行驶超重车引起桥梁损坏。

9.2 超重车辆过桥规定

(1)超重车辆过桥的技术措施应符合下列规定:

①应依据现场调查结果和桥梁技术资料,按超重车辆的实际荷载,对桥梁结构进行强度、刚度、稳定性验算。

②必要时应进行荷载试验,以判定桥梁的承载能力。

③对不能满足通行需要的桥梁应进行加固处治。

④有多条线路可通行时,应选取桥梁技术状况好、承载能力强、加固工程费用较低的路线通过。

(2)搜集结构检算所需的技术资料,应包括下列内容:

①超重车辆技术参数。

②桥梁设计、竣工文件及养护、维修、改建资料。

③其他试验检测资料。

④现场核对记录。

⑤对无竣工资料或出现缺损的桥梁，应以能反映桥梁实际状况的检测结果为计算依据。

(3)结构检算应针对可能受到超重车辆荷载影响的桥梁构件或部件(包括上、下部结构承重构件及基础)进行检算。检算时应选取符合实际的计算图式，采用安全可靠的计算参数和计算方法。

(4)结构检算和检查结果不足以对超重车辆过桥安全性做出判定时，可进行荷载试验。试验荷载应与超重车辆通过的状况相近，必须分级加载。

(5)应对结构检算结果或荷载试验结论进行综合分析，判断桥梁承载能力能否满足超重车辆过桥需要。

(6)超重车辆过桥前，应根据承载能力评定的结果，制订过桥方案。过桥方案应包括下列内容：

①过桥前的巡视检查。

②过桥时间的确定。

③指定超重车辆行驶位置和行驶线路。

④确认牵引车和平板挂车轮距及轴重。

⑤人员配备。

⑥交通管制措施。

⑦现场监控方案。

⑧应急预案。

(7)超重车辆过境总体要求：

①大件车辆上须安装示警灯，并贴警示标识，以警示过往车辆注意大件车辆并及时避让。

②所有车辆须配备对讲机，确保车辆之间的正常通信。

③大件车组过桥须以5km/h速度居中匀速行驶，不得变速或制动。

④交警负责实施交通管制和疏通交通，在大件车组上桥前进行临时交通管制，并根据指令对后方车辆采取交通疏导措施。

⑤护送单位应根据工作需要安排车辆，配合交警在后方压道、管制交通。

⑥其他车辆在车队正常通行时，保持在车组前方1km；因工作需要时，应报指挥车并选择不干扰车队行进的位置随车队同行或停靠。

⑦不在洪水、暴雨、大风等时段组织超重车辆过桥。

10　跨铁路桥梁、涉海桥梁管养

10.1　跨铁路桥梁管养

跨铁路桥梁的管养工作是一项复杂而系统的工程，其管养往往涉及多个部门或单位，如铁路部门、公路部门等，不同部门之间的协同管理难度较大。需要铁路方、公路方以及相关部门共同努力，建立合理的协同管养机制，加强日常检查与维护、专业检查与评估、维修加固与改造等工作，确保桥梁的安全、稳定和持久运行。

针对跨铁路桥梁，参照本手册桥梁检查与评定、桥梁典型病害及原因分析、桥梁常见典型病害处治工艺、桥梁养护工程组织与实施等章节内容进行养护与管理，同时还应符合本章节相关内容及要求。

10.1.1　铁路方、公路方管养职责和范围

(1)跨铁路桥梁的养护管理工作必须确保铁路、公路桥梁运营安全，遵循相关法律法规，如《中华人民共和国公路法》《中华人民共和国铁路法》等。

(2)铁路部门负责有关铁路附属设施设备的养护管理，而公路桥梁管养单位等则负责辖区内跨铁路桥梁的养护管理。

10.1.2　协调与沟通

(1)各跨铁路桥梁管养单位、铁路部门应明确相关部门及人员负责协调联系，铁路部门通过属地工务段负责日常联系与协调。

(2)跨铁路桥梁管养单位在从事影响铁路安全的作业、施工时，须严格执行相关安全管理办法，并在铁路配合人员的安全监护下进行。

(3)跨铁路桥梁管养单位应加强与铁路方的信息沟通与报送，发现问题后及时向上级主管部门报送并通知对方，建立协商机制，主动协商解决涉及双方的问题。

10.1.3　管理措施

(1)跨铁路桥梁的管养作业计划需提前报送铁路属地工务段，以便沟通协调、安排检测及维修天窗。

(2)桥梁出现影响铁路安全的故障时，管养单位须及时联系铁路工务段进行故障报修，

并配合铁路部门进行故障处理。

(3)跨铁路桥梁大(中)修、改(重)建的设计、施工方案须经铁路部门审查通过后方可实施。

(4)铁路部门在跨铁路桥梁上安装相关设备设施前须向桥梁管养单位报批(同时明确后期管养职责),已安装的需在桥梁交接时移交相关资料。

10.2 涉海桥梁管养

涉海桥梁是指跨越入海口附近河流、海湾、海峡等海域的桥梁,其管养责任主要由桥梁管养单位和相关水利部门承担,确保桥梁的安全运营和维护。

涉海桥梁处于海浪、海流、暴雨、冲刷、高湿、高盐、高腐蚀等多重不利环境,具有安全耐久问题突出等特点,涉海桥梁养护难度大于一般桥梁。针对涉海桥梁,参照本手册桥梁检查与评定、桥梁典型病害及原因分析、桥梁常见典型病害处治工艺、桥梁养护工程组织与实施等章节内容进行养护与管理,同时应符合现行《公路跨海桥梁养护技术规范》(JTG/T 5124)相关规定,符合如下要求:

(1)涉海桥梁日常巡查应包括日巡查和夜巡查。

(2)日巡查应主要对结构异常振动、异常变形、异常声响等显见性异常情况进行检查,同时应检查路面与护栏的完好性与卫生情况,以及目测到的桥梁其他设施外观是否完好、桥址周边环境有无异常。

(3)夜巡查应主要针对夜间照明设施、标志标线、轮标、通航标是否满足夜间行车、通航要求进行巡查,同时应对夜间目测到的桥梁其他设施是否完好进行检查。

(4)日巡查频率不应低于1次/d,夜巡查频率不应低于1次/周。极端恶劣天气前后及经历火灾、船撞、地震等突发事件后,应提高日常巡查频率。

(5)经常检查中应重点对混凝土防腐蚀措施进行检查。

(6)定期检查应以抵近目测结合仪器观测、测试的方式进行,应抵近各构件检查其外观变化、缺损状况、腐蚀状况、劣化状态等,判断其病害程度、发展趋势和对结构功能性的影响程度,初步判定其功能是否符合规范要求。

(7)涉海桥梁宜结合结构定期检查开展结构耐久性参数动态采集,耐久性参数采集项目应根据桥梁材质和环境作用类别确定,并应符合相关标准的规定。

(8)涉海桥梁周期性开展下列特殊检查:

①应根据桥梁服役年限和周边水文环境条件,对海床冲刷、水中基础定期开展水下检查,检查周期不宜超过6年。

②针对涉海桥梁所处的自然环境、腐蚀环境、桥梁与环境的相互作用和影响情况定期开展特殊检查,检查周期不宜超过5年。

(9)涉海桥梁养护应按“一桥一档”要求建立桥梁养护技术档案。

11　特殊情况养护管理

11.1　冰雪天气养护

冰雪天气期间,需关注天气变化并加强与气象部门联系,及时掌握天气预测及变化,提前做好相应的各项准备,确保冰雪天气下车辆通行安全。

针对冰害、冻害进行防治,应满足下列防治要求:

(1)提前制定桥面积冰、积雪预防措施和抢修方案。

(2)对桥下河床积冰或流冰,可采取截流或防冻疏流等工程措施进行分类治理。

(3)春季解冻时,对桥下河流易形成冰凌的桥梁,应加强流冰期检查、观测和养护,对冰凌进行处治。

(4)针对混凝土或圬工结构因冻融循环作用引起的损伤,及时采取修复措施。

在出现冰雪天气且可能引发交通事故时,按下列程序进行处置:

(1)立即通知应急领导小组(市中心级、区县级),应急领导小组准确了解现场情况后,安排应急工作小组迅速开展工作,并根据事故等级逐级上报。

(2)根据冰雪天气对交通的影响程度,采取在相关区域采取摆放安全标志、洒防冻剂、设置限速标志等措施,并提醒驾驶员保持车距等。

(3)当冰雪导致路面结冰、严重影响行车安全时,应立即封闭交通,同时对后方车辆进行限流和改道,疏导桥梁附近人员、车辆等,并进行现场交通组织。

(4)待路面冰层散去并达到通车条件后,开放交通。

11.2　防洪防汛检查

每年汛期前应进行一次预防水毁的技术检查。了解桥梁桥墩基础冲蚀、河床变化、河道变迁、流量等情况,检查桥墩、调治构造物、防护工程等的作用是否正常,防护设备数量是否足够。宜对桥位处洪水流速进行监测。

洪水过后,对桥梁进行及时、详细的检查,检查排水设施是否通畅,若堵塞应及时疏通;检查桥墩基础、河床和冲刷防护工程,若出现磨损、倾斜、冲刷等应及时维修。可依据洪水期间健康监测记录的沉降监测值(如有),分析桥墩基础有无发生沉降。每项检查都应详细记录并提交检查报告。

检查完后应立即对损坏的构件进行维护。若损坏严重，应委托其他养护单位或施工单位进行。

11.3 火灾事故预防与处置

火灾预防遵循下列要求：

(1)及时清理桥梁及附近的可燃物。

(2)定期检查、维修依附于桥梁上的管线设施，避免因设施故障引发火灾。宜与管线设施产权单位以签订协议等方式明确责任，由产权单位执行检查维修。

(3)易燃易爆危险品运输车辆通过桥梁时，应遵照有关规定进行管理。

火灾处置遵循下列要求：

(1)发生火灾后，应立即启动应急预案，实施交通管制，组织灭火并及时报告。应结合火源、火势与结构物的特点合理选择灭火方式。

(2)桥梁过火后，应及时进行特殊检查与损伤评估，并采取相应的处治措施。

发生火灾、危及行车安全时，按下列程序进行处置：

(1)立即拨打110、119、120等救援电话，同时通知应急领导小组，以便其了解和安排应急工作小组处置火灾事故，并根据事故等级逐级上报。

(2)根据火灾部位进行交通管制。若火灾影响不大，及时控制住火势后，在事故路段可采用单道交替通行的方式进行交通组织，安排专人在事故路段指挥交通，并在该路段按要求摆放锥桶和警示牌等；若现场火势较大，立即封闭交通，对后方车辆进行限流和改道，疏导附近人员、车辆等，并进行现场交通组织。

(3)当救援人员、救火设备等到达现场后，立即扑救，扑救火灾时按照“先控制、后灭火，救人重于救火，先重点后一般”的灭火战术原则，并及时使用消防设备、器材进行灭火。

(4)当火灾扑救完毕后，应保护现场，维护现场秩序，等待对事故原因及责任人的调查，同时应立即采取善后，及时清理、处理火灾造成的垃圾，并采取其他有效措施将火灾事故对环境造成的污染降低到最低限度。

(5)组织专家和相关单位对结构进行全面检测，根据检测结果尽快进行加固维修后开放交通。

12　技术档案管理

12.1　技术档案分类

日照市普通国省道公路桥梁技术档案主要包括基础资料、管理资料、检查资料、养护维修资料、特殊情况资料、固定资产资料等(表12.1-1)。建立桥梁设计资料、施工资料、监理资料以及养护资料管理制度。资料如有缺失,应根据历年检查、养护资料,逐步建立和完善其技术档案。必要时,可专门安排有针对性的检测、试验或特殊检查,补充、完善桥梁技术资料。

桥梁技术档案分类细目　　表12.1-1

类别	内容	存放位置
基础资料	①桥梁设计施工图及竣工图,结构计算分析报告。 ②施工过程中的试验检测及科研资料。 ③工程事故处理资料。 ④施工全过程的结构位移或变形测试资料。 ⑤观测或监测点(部件)资料。 ⑥交(竣)工验收资料。	新建或改扩建相关资料存放于市中心档案室
管理资料	管养单位、监管单位,分管领导、桥梁养护工程师等的基本资料。养护工程师除应归档个人基本资料外,还应归档其业务考核情况和年度主要工作情况。	管理资料存放于市中心档案室、各区县中心档案室
检查资料	桥梁日常巡查、经常检查、汛前检查、定期检查结果、养护对策建议、特殊检查建议报告、养护建议计划等技术资料,以及检查的时间、实施人员等基本资料。 特殊检查还应包括检测(试验)方案、检测(试验)报告、照片及多媒体材料,检测(试验)方的资质证书(复印件)、业绩证明(复印件)以及主要检测人员的资格证书(复印件)等。	日常巡查、经常检查、汛前检查等资料存放于各区县中心(养护站);定期检查报告等资料存放于市中心、区县中心
养护维修资料	小修保养工程的实施技术资料和养护质量评定结果,以及工程实施的时间、组织实施人员等。 桥梁的中修、大修、改建工程的设计图纸、竣工图纸、施工资料、监理资料、监控(监测)资料、质量事故处理报告、交(竣)工验收等技术资料,以及设计、施工、监理和监控(监测)等各方的资质证书(复印件)、业绩证明(复印件)及主要检测人员的资格证书(复印件)等。	养护大修、中修相关资料存放于市中心,小修、日常养护相关资料存放于区县中心

续上表

类别	内容	存放位置
特殊情况资料	地质灾害、气象灾害、超限运输等特殊事件的具体情况、损害程度、处治方案等。	市中心档案室、各区县中心档案室
固定资产资料	包括固定资产卡片、固定资产铭牌登记、调拨单、租赁合同及报废申请单和报废处理记录等。	市中心档案室、各区县中心档案室

应根据上级养护档案管理制度进行存档。

12.2 归档范围和方法

桥梁技术档案工作应贯穿于桥梁工程运营的各个阶段。即从桥梁进入运营期就应进行文件材料的收集和整理工作;在签订有关合同、协议时,应对桥梁技术档案的收集、整理、移交提出明确要求。

区县中心桥梁养护工程师对桥梁工程档案工作负总责,须认真做好档案的收集、整理、保管工作。

桥梁养护人员是归档工作的直接责任人,须按要求对工作中形成的应归档文件材料进行收集、整理、归档;如遇工作变动,须先交清原岗位应归档的文件材料。

12.3 归档与移交要求

桥梁技术档案的保管期限分为永久、长期、短期三种。长期档案的实际保存期限不得短于工程的实际寿命。

桥梁技术档案文件材料的收集、整理应符合现行《科学技术档案案卷构成的一般要求》(GB/T 11822)的规定。归档文件材料的内容与形式均应满足档案整理要求,即:内容应完整、准确、系统;形式应字迹清楚、图样清晰、图表整洁、声像材料须标注的内容清楚、签字(章)手续完备。

技术档案的归档与移交必须编制档案目录。档案目录应为案卷级,并须填写技术档案交接单。交接双方应认真核对目录与实物,并由经手人签字、加盖单位公章确认。对于日常巡查记录,应由区县中心桥梁养护工程师督促桥梁养护管理站点定期提交归档;定期检查报告由市中心协调省中心,由第三方检测单位同步提交进行归档。

技术档案的归档时间,可由桥梁养护工程师根据实际情况确定。

附录 A　桥梁日常巡查记录表

桥梁日常巡查记录表　　　　附表 A

公路管理机构:					
路线编号		路线名称		桥位桩号	
桥梁编号		桥梁名称		养护单位	
类别	项目	检查内容	检查结果(有无异常)		处理措施
日巡查	主梁、墩台	桥梁是否存在异常的振动、摆动和声响	□无　□有		
	桥面铺装	桥路连接处是否异常;是否有影响行车的明显病害或障碍物	□无　□有		
	伸缩装置	是否有明显破损	□无　□有		
	桥面排水	是否有桥面积水(下雨天重点检查)	□无　□有		
	护栏或栏杆	有无明显缺损	□无　□有		
	标志标牌	是否完好	□无　□有		
	桥梁线形	是否存在明显异常	□无　□有		
	桥梁安全保护区	是否存在侵害桥梁安全的情况	□无　□有		
	其他		□无　□有		
夜巡查	交通标志	是否夜晚发光或反光正常	□无　□有		
	标线和轮廓标志	是否发光或反光正常	□无　□有		
	照明系统	是否发光正常	□无　□有		
	行车道	是否有影响行车的障碍物	□无　□有		
	防眩设施	是否有效消除汽车前照灯夜间眩光	□无　□有		
负责人		记录人		检查日期	

说明:1. 存在异常情况的应详细描述,填写处理措施,并以照片形式记录(照片另附页)。

2. 本表将日巡查、夜巡查合并在一起,针对具体桥梁可拆分应用。

附录 B　桥梁汛期检查记录表

桥梁汛期检查记录表　　　　附表 B

<table>
<tr><td colspan="6">公路管理机构：</td></tr>
<tr><td>路线编号</td><td></td><td>路线名称</td><td></td><td>桥位桩号</td><td></td></tr>
<tr><td>桥梁编号</td><td></td><td>桥梁名称</td><td></td><td>养护单位</td><td></td></tr>
<tr><td>检查项目</td><td colspan="2">是否存在异常现象</td><td colspan="2">异常现象描述</td><td>备注</td></tr>
<tr><td>伸缩缝</td><td colspan="2"></td><td colspan="2"></td><td></td></tr>
<tr><td>排水系统</td><td colspan="2"></td><td colspan="2"></td><td></td></tr>
<tr><td>桥梁墩台</td><td colspan="2"></td><td colspan="2"></td><td></td></tr>
<tr><td>调治构造物</td><td colspan="2"></td><td colspan="2"></td><td></td></tr>
<tr><td>引道、护坡、挡墙结构</td><td colspan="2"></td><td colspan="2"></td><td></td></tr>
<tr><td>墩台基础</td><td colspan="2"></td><td colspan="2"></td><td></td></tr>
<tr><td>桥下有无杂草、树枝、石块等杂物淤塞河道</td><td colspan="2"></td><td colspan="2"></td><td></td></tr>
<tr><td>桥位上、下游有无堆积物、漂浮物</td><td colspan="2"></td><td colspan="2"></td><td></td></tr>
<tr><td>桥梁所处河道是否变化，水流有无快速变化</td><td colspan="2"></td><td colspan="2"></td><td></td></tr>
<tr><td>桥梁下游是否发生冲刷</td><td colspan="2"></td><td colspan="2"></td><td></td></tr>
<tr><td>安全保护区是否有挖沙、采石现象</td><td colspan="2"></td><td colspan="2"></td><td></td></tr>
<tr><td>上游有无水库，水库是否存在安全隐患</td><td colspan="2"></td><td colspan="2"></td><td></td></tr>
<tr><td>其他需要说明的情况</td><td colspan="2"></td><td colspan="2"></td><td></td></tr>
<tr><td>负责人</td><td></td><td>记录人</td><td></td><td>检查日期</td><td></td></tr>
</table>

说明：应以照片形式记录异常现象，作为记录表的附件存档，照片另附页。

附录 C　桥梁经常检查记录表

桥梁经常检查记录表　　　　附表 C

公路管理机构名称：					
1 路线编码		2 路线名称		3 桥位桩号	
4 桥梁编码		5 桥梁名称		6 养护单位	
7 检查项目	缺损类型	缺损范围		处治建议	
8 主梁					
9 主拱圈					
10 拱上建筑					
11 桥面铺装					
12 伸缩缝					
13 人行道、路缘					
14 栏杆、护栏					
15 标志、标线					
16 排水系统					
17 照明系统					
18 桥台及基础（含冲刷）					
19 桥墩及基础（含冲刷）					
20 支座					
21 翼墙（耳墙、侧墙）					
22 锥坡、护坡					
23 桥路连接处（桥头搭板）					
24 调治构造物					
25 其他					
26 负责人		27 记录人		28 检查日期	年　月　日

说明：1. “缺损范围”栏应详细记录病害的位置、范围。

2. 本表将梁桥和拱桥的所有构件合并在一起，具体应用时可根据具体的桥型构件组成对表格中项目的构成进行删减。

3. 照片另附页。